plurall

CB138631

Parabéns!
Agora você faz parte do **Plurall**, a plataforma digital do seu livro didático! Acesse e conheça todos os recursos e funcionalidades disponíveis para as suas aulas digitais.

Baixe o aplicativo do **Plurall** para Android e IOS ou acesse **www.plurall.net** e cadastre-se utilizando o seu código de acesso exclusivo:

AAAB32K8R

Este é o seu código de acesso Plurall. Cadastre-se e ative-o para ter acesso aos conteúdos relacionados a esta obra.

@plurallnet

@plurallnetoficial

SOMOS EDUCAÇÃO

Projeto Ápis

ROGÉRIO G. NIGRO

Doutor em Ensino de Ciências e Matemática pela Faculdade de Educação da Universidade de São Paulo (USP).
Mestre em Biologia pelo Instituto de Biociências da USP.
Pesquisador em ensino e aprendizagem de Ciências.
Ex-professor dos Ensinos Fundamental e Médio na rede particular.
Assessor de escolas dos Ensinos Fundamental e Médio na rede particular.

CIÊNCIAS

2º ANO

Ensino Fundamental

editora ática

editora ática

Presidência: Mario Ghio Júnior
Direção editorial: Lidiane Vivaldini Olo
Gerência editorial: Viviane Carpegiani
Gestão de área: Tatiany Renó
Edição: Luciana Nicoleti (coord.), Ana Carolina Suzuki Dias Cintra e Laura Alves de Paula
Planejamento e controle de produção: Flávio Matuguma, Juliana Batista, Felipe Nogueira e Juliana Gonçalves
Revisão: Kátia Scaff Marques (coord.), Brenda T. M. Morais, Claudia Virgilio, Daniela Lima, Malvina Tomáz e Ricardo Miyake
Arte: André Gomes Vitale (ger.), Catherine Saori Ishihara (coord.), Alexandre Miasato Uehara e Fernando Afonso do Carmo (edição de arte)
Iconografia e tratamento de imagem: Sílvio Kligin (ger.), Denise Durand Kremer (coord.), Iron Mantovanello (pesquisa iconográfica), Fernanda Crevin (tratamento de imagens)
Licenciamento de conteúdos de terceiros: Roberta Bento (gerente), Jenis Oh (coord.), Liliane Rodrigues, Flávia Zambon e Raísa Maris Reina (analistas de licenciamento)
Ilustrações: Beatriz Mayumi, Cláudio Chiyo, Giz de Cera, Hagaquezart Estúdio, Ideário Lab, Paulo Manzi, Quanta Estúdio
Design: Talita Guedes da Silva (proj. gráfico e capa)
Ilustração de capa: Barlavento Estúdio **Logotipo:** Saulo Dorico

Avenida Paulista, 901, 6º andar – Bela Vista
São Paulo – SP – CEP 01310-200
http://www.somoseducacao.com.br

Dados Internacionais de Catalogação na Publicação (CIP)

```
Nigro, Rogério G.
   Projeto Ápis : Ciências : 1° ao 5° ano / Rogério G.
Nigro. -- 4. ed. -- São Paulo : Ática, 2020.
    (Projeto Ápis ; vol. 1 ao 5)

Bibliografia

1. Ciências (Ensino fundamental) Anos iniciais I. Título
II. Série

20-1157                                        CDD 372.835
```

Angélica Ilacqua - Bibliotecária - CRB-8/7057

2021
Código da obra CL 750400
CAE 721241 (AL) / 721240 (PR)
ISBN 9788508195404 (AL)
ISBN 9788508195411 (PR)
4ª edição
2ª impressão
De acordo com a BNCC.

Impressão e acabamento: Bercrom Gráfica e Editora

Uma publicação SOMOS EDUCAÇÃO

Apresentação

Provar, querer, gostar
Assim é aprender a observar, a sentir, a criar
É o que vai acontecer neste 2º ano que está para começar

Use este livro e explore o mundo com gosto
Cuide dos ambientes e dos seus dentes
Sempre evite acidentes
Aprenda a olhar o céu para dizer as horas
Contemple as nuvens sem demora

Provar, querer, gostar
É isso que quer dizer estudar!
Provar, querer, gostar
Agora, é só começar

O autor.

Conheça seu livro

Veja a seguir como o seu livro de Ciências está organizado. Depois, com um colega, folheie o livro e descubra tudo o que está apresentado nestas páginas.

Unidades

Este livro é dividido em quatro unidades. No início de cada uma delas há uma imagem sobre o assunto a ser estudado.

Atividade prática

Aqui você põe em prática a atividade proposta e se diverte com os colegas.

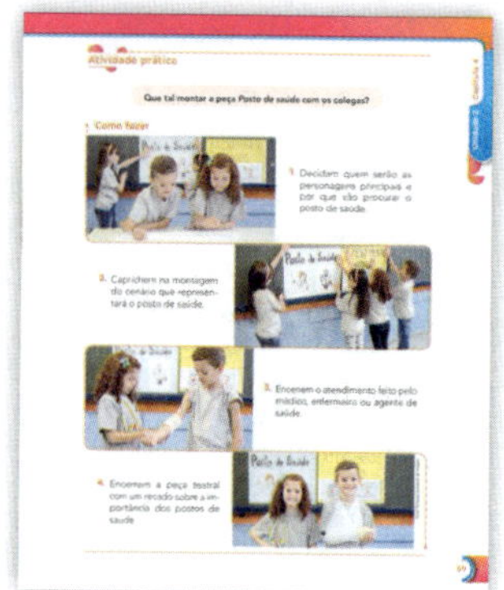

Capítulos

São oito capítulos no total. Cada um deles é como uma história, com início, desenvolvimento e finalização, na forma de atividades.

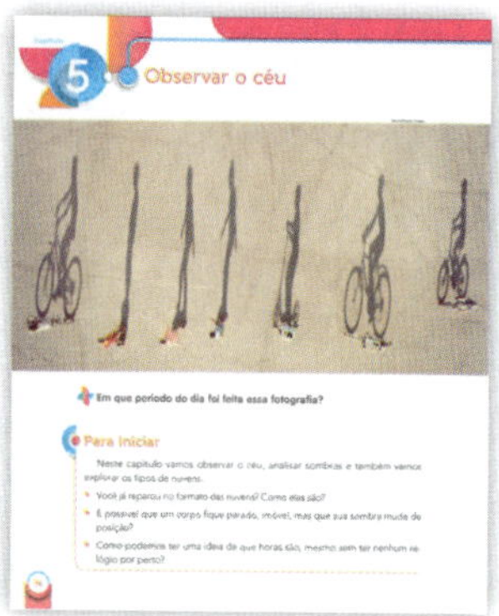

Para iniciar

Aqui você e os colegas conversam sobre o que vão estudar e podem dar opiniões sobre os temas. Queremos ouvir o que vocês têm a dizer!

Vocabulário: para facilitar a compreensão dos textos, o significado de algumas palavras será apresentado na própria página.

Assim também aprendo

Que tal aprender um pouco mais com jogos e atividades divertidas? Esse é o objetivo desta seção.

Com a palavra...

Entrevistas com diferentes profissionais farão você perceber que o conhecimento também pode ser adquirido além dos livros.

Se aparecer uma palavra ou expressão com fundo laranja, consulte o Glossário no fim do livro.

Vamos ver de novo?

Aqui você retoma o que foi estudado no capítulo por meio de textos, esquemas e atividades.

Este **bilhete** sempre traz um recado especial para você.

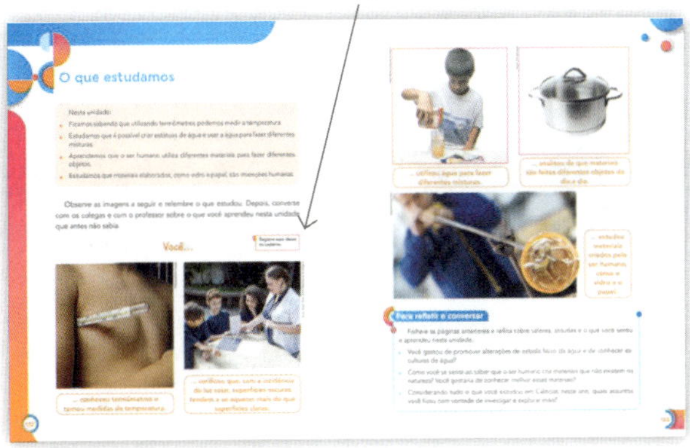

O que estudamos

Aqui você confere o que estudou relembrando os temas trabalhados nos capítulos da unidade. Este é o momento de refletir sobre o que aprendeu e sobre a forma de agir, pensar e sentir no dia a dia.

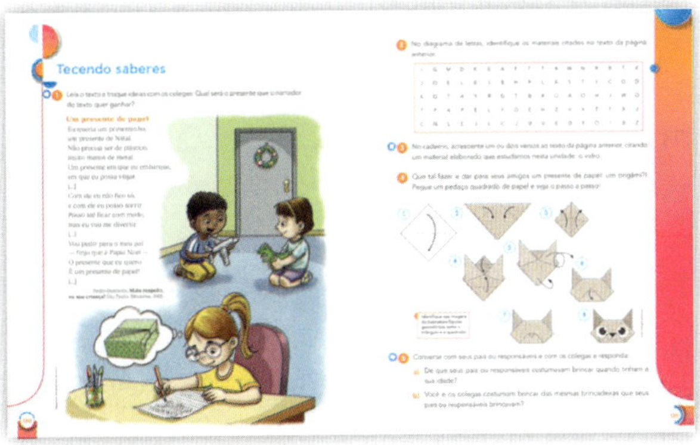

Tecendo saberes

Nesta seção você verá como tudo o que aprendeu poderá ajudar no estudo de outras áreas do conhecimento.

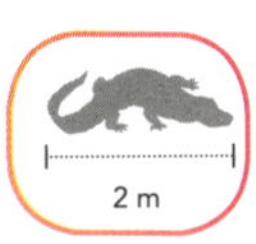

Sempre que possível, o tamanho aproximado de alguns seres vivos será indicado por esses símbolos. Quando a medida for apresentada por uma barra vertical, significa que ela é referente à altura. Quando for representada por uma barra horizontal, significa que se refere ao comprimento.

Ícones

Atividade em grupo

Atividade em dupla

Atividade no caderno

Atividade oral

Mural da turma

Material complementar

Acompanha o livro do aluno:

Ápis divertido

Caderno de atividades

Ciências e Linguagem

Ápis divertido

Caderno de figuras destacáveis para você realizar atividades do livro e de jogos que exploram os temas estudados.

Caderno de atividades

Com este caderno você vai praticar o que aprendeu em cada capítulo estudado.

Ciências e Linguagem

Caderno de atividades que incentivam você a ler e a escrever e ajudam a rever os conceitos estudados durante o ano.

Sumário

Ideário Lab/Arquivo da editora

Unidade

1 Ambiente e seres vivos

Kami Queiroz/Arquivo da editora

- Qual ambiente as crianças estão representando no tanque de areia?
- Em sua opinião, o local onde as crianças estão brincando é um ambiente bem cuidado?
- Como seria esse lugar se não existissem tantas plantas?

Capítulo 1

Diferentes ambientes

Paisagem com touro, de Tarsila do Amaral, 1925 (óleo sobre tela, de 50 cm × 65,2 cm).

Você já desenhou um ambiente parecido com esse?

Para iniciar

Neste capítulo vamos explorar esse e outros ambientes, como florestas e cidades.

- Como é o lugar onde você vive? Cole uma fotografia ou faça um desenho dele em uma folha avulsa.
- Quais são as diferenças entre o lugar onde você vive e o lugar retratado na pintura? E quais são as semelhanças?

  Cite plantas e animais encontrados nesses lugares.

- Em outra folha avulsa, cole uma fotografia ou faça um desenho de um lugar diferente que você conheça.

Atividade prática

Que tal construirmos um ambiente "artificial"?

Material

- Água
- Folhas e pedaços de plantas
- Bacia ou bandeja de plástico
- Pá
- Saco plástico
- Terra

Como fazer

Fotos: Eduardo Santaliestra/Arquivo da editora

1. Cubra o fundo do recipiente com terra.

2. Recorte um pedaço do saco plástico e acomode-o em um espaço na terra para criar um lago. Preencha esse espaço com um pouco de água.

Atenção
Lave bem as mãos após mexer com a terra. Se possível, use luvas protetoras.

3. Posicione algumas folhas e pedaços de plantas na terra, representando a vegetação do seu ambiente.

4. Destaque do **Ápis divertido** as figuras dos animais que vão "morar" nesse ambiente e posicione-as no recipiente.

Que tal colocar também imagens de seres humanos nesse ambiente?

Observando ambientes

Vamos observar atentamente campos agropecuários, florestas e cidades.

Você sabe o que podemos encontrar em diferentes ambientes?

Algumas pessoas moram no campo agropecuário. Nesse ambiente podemos encontrar animais como:

Em cada lacuna do texto, escreva o nome do que está ilustrado.

Elementos representados em tamanhos não proporcionais entre si.

Ilustrações: Mouses Sagiorato/Arquivo da editora

_______________, _______________, _______________ e _______________.

Também há equipamentos e máquinas agrícolas, como:

Ilustrações: Mouses Sagiorato/Arquivo da editora

_______________, _______________, _______________ e _______________.

Algumas pessoas moram na floresta. Nela podemos encontrar, por exemplo:

Sugestão de...
Livro
Contos de animais. Luís da Câmara Cascudo. São Paulo: Global, 2013.

Ilustrações: Mouses Sagiorato/Arquivo da editora

muitas _______________, diferentes _______________ e também habitações humanas.

1 Identifique o que as setas apontam nas imagens abaixo. Use o banco de palavras.

plantação estrada rio barco construção criação de animais

Ernesto Reghran/Pulsar Imagens

Paisagem rural com plantação de soja e criação de gado em Unaí (Minas Gerais), em 2017.

Zig Koch/Opção Brasil Imagens

Casa ribeirinha na Floresta Amazônica, no Amapá, em 2017.

2 Observe as ilustrações de dois ambientes bem diferentes nesta página e na página seguinte.

Desenhe você no campo agropecuário. O que você estaria fazendo? Depois, termine de pintar esta paisagem.

Giz de Cera/Arquivo da editora

Elementos representados em tamanhos não proporcionais entre si.

3 Converse com os colegas e, juntos, façam uma lista do que pode ser encontrado em um campo agropecuário.

Cite plantas e animais encontrados neste local.

Léo Fanelli/Arquivo da editora

4 Agora, faça uma lista do que pode ser encontrado em uma cidade.

Cite plantas e animais encontrados neste local.

____

____

____

____

____

Sugestão de...
Livro
O rato do campo e o rato da cidade.
Ruth Rocha.
São Paulo: Salamandra, 2010.

O ser humano modifica o ambiente

1 Observe as imagens abaixo.

Que modificações o ser humano pode fazer em um ambiente? Converse com os colegas.

Delfim Martins/Pulsar Imagens

A

Ernesto Reghran/Pulsar Imagens

B

- Agora, elabore uma legenda para cada uma das imagens acima. Use os termos do banco de palavras.

ser humano ambiente

Imagem **A**: ____________________

____

____

____

____

____

Imagem **B**: ____________________

____

____

____

____

____

2 Observe estas imagens e suas legendas.

Pintura de Jules Martin mostrando a avenida Paulista (São Paulo), em 1891.

Fotografia da avenida Paulista (São Paulo), em 2019.

- Agora, troque ideias com os colegas e responda às perguntas:

  a) O que as imagens acima mostram?

  ____

  ____

  b) O que mudou de uma imagem para a outra?

  ____

  ____

  ____

  ____

  ____

3 Como você acha que será sua cidade daqui a alguns anos, quando você se tornar **idoso**? Em uma folha avulsa, faça um desenho do que imaginou e o exponha no **mural da turma**.

idoso: pessoa que tem muitos anos de vida.

Mãos à obra

Vamos aprender a cuidar do ambiente.

Você sabia que também pode ajudar a cuidar do ambiente? Para entender como fazer isso, conheça um pouco sobre o trabalho de um **ambientalista**.

Veja o que ele tem a dizer sobre cuidados com o ambiente.

Com a palavra...

Acervo do autor/Arquivo da editora

... Fabrízio G. Violini, engenheiro agrônomo e ambientalista.

Você pode explicar o que é ambiente?

Eu defino o ambiente como todo o **entorno**. O ambiente é formado por todos os seres vivos e elementos não vivos (como a terra, o ar, a água) que existem nas vizinhanças de alguma coisa ou em volta de algum lugar e que se relacionam.

entorno: tudo o que existe ao redor, em torno de algo.

Como o ser humano interfere nos ambientes?

Por exemplo, quando formamos uma plantação em uma área de floresta, provocamos modificações nesse ambiente. Quando lançamos esgotos sem tratamento diretamente em um rio, poluímos as águas e mudamos esse ambiente.

Existem outras maneiras de interferir nos ambientes?

Felizmente, não é só de maneira negativa que interferimos nos ambientes. Podemos também contribuir para a proteção e recuperação de áreas naturais.

E como as crianças podem ajudar a proteger os diversos ambientes?

Cuidando do ambiente de casa e da escola e enviando cartas e *e-mails* aos governantes e a entidades como a SOS Mata Atlântica, para denunciar agressões ao ambiente.

A ação de entidades e de pessoas como Fabrízio contribui para preservar as áreas que ainda restam da Mata Atlântica.

Lightspring/Shutterstock

- Converse com os colegas sobre a entrevista da página anterior. Depois, preencha o quadro abaixo com exemplos de:

Interferência humana no ambiente	Como ajudar a proteger o ambiente

Assim também aprendo

- Os quadrinhos desta história estão fora de ordem. Numere-os na ordem correta, de **1** a **4**, para mostrar o que aconteceu no passeio das crianças.

Atenção
Para recolher o lixo devemos usar luvas protetoras.

Ilustrações: Mouses Sagiorato/Arquivo da editora

A importância das plantas

Vamos conhecer alguns benefícios de se ter plantas por perto?

Utilize o banco de palavras da página 21 para completar as legendas desta página.

O que você tem feito para cuidar do seu entorno?

Uma boa ideia é plantar. Pode ser um vasinho, um canteiro de ervas ou um jardim.

As plantas são importantes de várias maneiras. Conheça algumas delas explorando esta página e a página seguinte.

Depois, que tal pôr a mão na massa? Com o professor e os colegas, plantem mais vegetais nos lugares que vocês frequentam!

Clearviewstock/Shutterstock

Murray Cooper/Minden Pictures/Fotoarena

As plantas servem de ____________ para vários seres vivos.

Diego Grandi/Shutterstock

Canteiros com flores têm ____________ e ____________ que podem tornar o local mais bonito e agradável.

Mouses Sagiorato/Arquivo da editora

Troque ideias com os colegas. Dê a sua opinião sobre as dúvidas destas crianças.

Elementos representados em tamanhos não proporcionais entre si.

- Analise as situações apresentadas no mural que ocupa esta página e a anterior. Complete as legendas usando os termos do banco de palavras.

sombras	abrigo	alimento	cores	qualidade	nutrientes	cheiros

AS PLANTAS SÃO IMPORTANTES!

Wizdata/Shutterstock

Plantas também podem servir de

__________________. Por exemplo, várias aves fazem ninho em árvores.

Acabe de pintar esta cena com cores bem bonitas!

Hagaquezart Estúdio/Arquivo da editora

Árvores formam __________________________. Isso contribui para deixar o ar mais fresco nas cidades.

Fernando Araújo/Futura Press

Em lugares com muitas plantas, a umidade do ar é maior e, consequentemente, a

__________________________ do ar é melhor.

Vladislav T. Jirousek/Shutterstock

Folhas e galhos que caem sobre o solo ajudam a enriquecê-lo com __________________________.

Vamos ver de novo?

Neste capítulo você aprendeu que:

- O ser humano pode morar em diferentes ambientes.
- Florestas, campos agropecuários e cidades são exemplos de ambientes.
- O ser humano interfere no ambiente fazendo construções e plantações, por exemplo.
- Cuidar de áreas verdes é um exemplo de interferência positiva no ambiente.

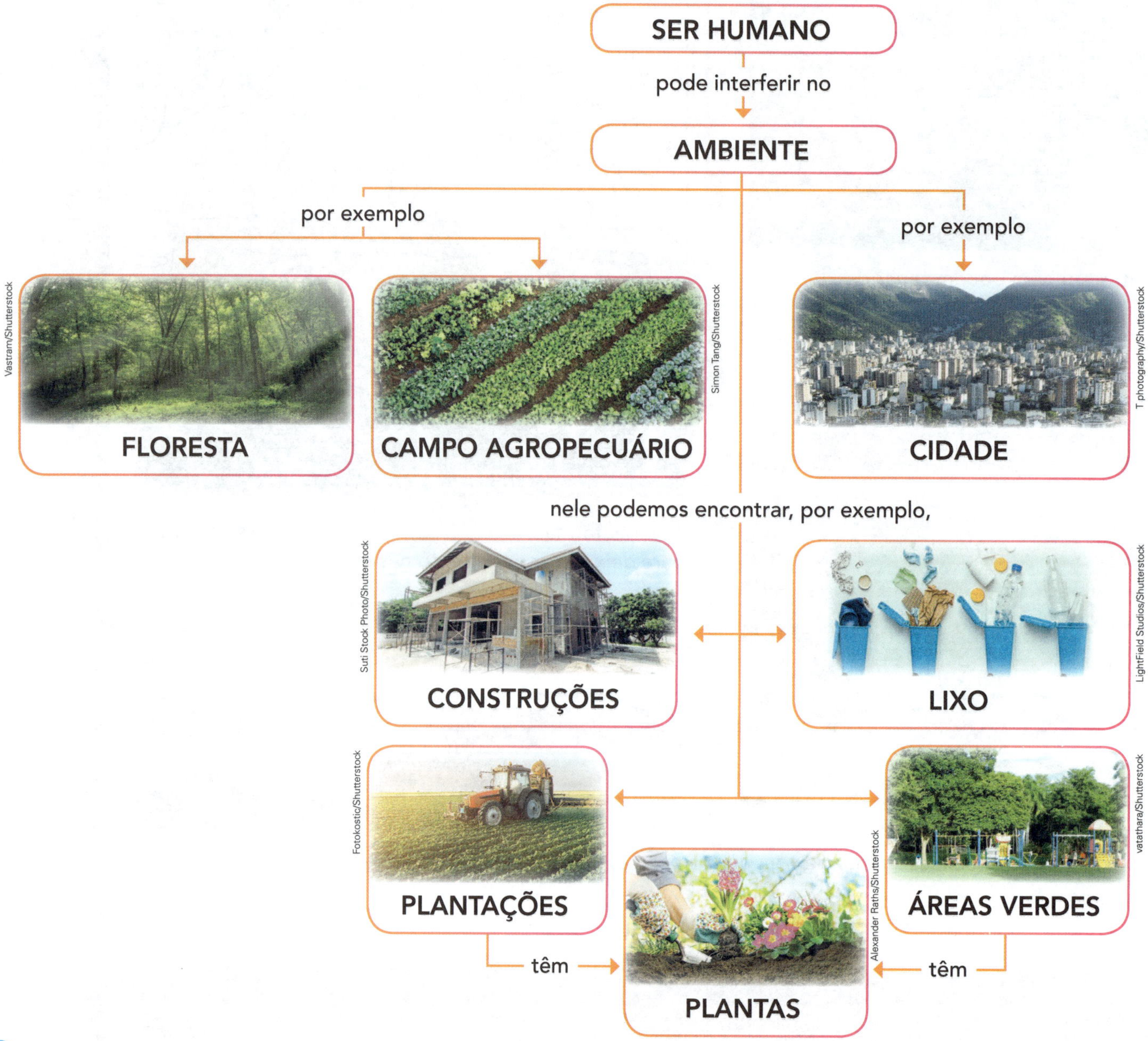

1 Observe a maquete de uma cidade que as crianças estão construindo. Como ela poderia ser complementada? O que as crianças poderiam incluir? Como fariam? Converse com os colegas.

Eduardo Santaliestra/Arquivo da editora

2 Observe a situação abaixo.

Mouses Sagiorato/Arquivo da editora

Você concorda ou não com o que diz cada criança? Explique sua resposta.

____

____

____

3 Responda à pergunta ao lado no espaço destinado à comunicação em um ponto de ônibus. Elabore em sua resposta uma mensagem que incentive as pessoas que vão ler esse painel.

Jordi C/Shutterstock

Capítulo 2

Seres vivos se desenvolvem

Vojce/Shutterstock

O que é vivo nesse aquário?

Para iniciar

Neste capítulo vamos estudar alguns seres vivos, sua reprodução e seu desenvolvimento.

- Faça duas listas no caderno: uma do que é vivo e outra do que não é vivo no aquário mostrado na imagem acima.
- Em sua opinião, o que diferencia o que é vivo do que não tem vida?
- Como você imagina que sejam uma mosca, um pé de feijão e uma serpente ao nascer? Seriam muito diferentes de quando adultos?

Atividade prática

Vamos plantar grãos de feijão e acompanhar seu desenvolvimento?

Material

- Água
- Grãos de feijão
- Terra
- Vaso ou pote plástico

Como fazer

1. Coloque terra umedecida em um vaso.

2. Plante os feijões na terra, a cerca de 1 centímetro de profundidade.

Cole uma etiqueta no vaso com a data da semeadura.

Fotos: Eduardo Santaliestra/Arquivo da editora

3. Coloque o vaso em local iluminado. Molhe a terra sempre que notar que ela está secando.

4. Observe o desenvolvimento do pé de feijão durante alguns dias. Faça desenhos e anotações no caderno.

Atenção
Lave bem as mãos após mexer com a terra. Se possível, use luvas protetoras.

Sugestão de...
Livro
João e o pé de feijão. Irmãos Grimm. São Paulo: Scipione, 2009. (Coleção Conto Ilustrado).

Plantas se desenvolvem

Vamos ver como algumas plantas se desenvolvem com o passar do tempo.

Você sabia que o grão de feijão é uma semente? Dentro dele existe o embrião de um novo ser vivo.

Em condições adequadas ocorre a germinação do feijão. Depois de 10 dias, já é fácil identificar:

Grão de feijão partido ao meio.

Feijoeiro, ou pé de feijão, 10 dias após o plantio.

- **Raízes** – fixam a planta no solo, de onde podem ser captados nutrientes e água.
- **Caule** – ainda não é muito rígido, mas já sustenta algumas folhas.
- **Folhas** – são elas que captam a maior parte dos raios de luz de que a planta precisa.

Quando a planta recebe água, luz e nutrientes de maneira adequada, ela continua a se desenvolver.

Com cerca de 60 dias, há muitas folhas no feijoeiro, além de:

- **Flores** – estão relacionadas à reprodução das plantas.
- **Vagens** – são os **frutos** do feijoeiro. Dentro delas se formam os grãos de feijão que usamos na alimentação.

Se plantarmos um grão de feijão, uma nova planta pode se desenvolver. É o começo de uma nova vida!

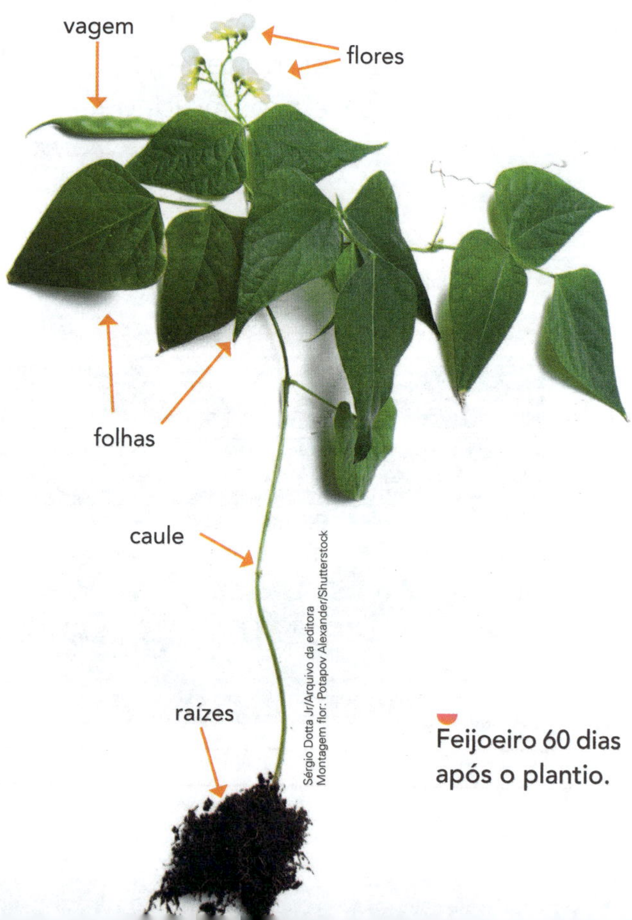

Feijoeiro 60 dias após o plantio.

Elementos representados em tamanhos não proporcionais entre si.

1 O que existe dentro das vagens de um feijoeiro? Converse com os colegas e responda abaixo.

____

2 Leia as anotações feitas em um caderno. Marque com um **X** as que não são corretas.

- [ ] Dentro da semente do feijão encontra-se o embrião.
- [ ] Existem flores no feijoeiro de 10 dias.
- [ ] Os feijoeiros de 60 dias ainda não têm vagens.
- [ ] Os grãos de feijão são usados na alimentação.

3 Desenhe um pé de feijão com 60 dias. Represente e indique com setas as estruturas desse vegetal citadas na página anterior.

Lucas Lacaz Ruiz/Futura Press

4 Os alunos estão montando um mural sobre a influência da luz e da água na vida das plantas. Complete os textos nesta página e na próxima.

Clearviewstock/Shutterstock

Fatores que influenciam a vida das plantas

Banco de imagens/Arquivo da editora

Investigando a influência da água

O cravo da esquerda (A) foi regado de modo adequado, todos os dias. Já o cravo da direita (B) não foi mais regado.

1º dia

3º dia

7º dia

14º dia

Fotos: Paul Lund/Alamy/Fotoarena

Após 14 dias, verificamos que a planta que foi regada de maneira adequada

.

Já a planta que deixou de ser regada

.

Unidade 1 Capítulo 2

5 Converse com os colegas: Quais são alguns cuidados que devemos ter para que as plantas se desenvolvam bem?

Banco de imagens/Arquivo da editora

Investigando a influência da luz

A planta da esquerda (A) recebeu iluminação adequada.
Já a planta da direita (B) foi deixada no escuro durante o início do seu desenvolvimento.

Nigel Cattlin/Alamy/Fotoarena

Mudas de agrião que germinaram com luz (A) e no escuro (B).

Após certo tempo, constatamos que as mudas que receberam iluminação adequada ______________________________.

Também constatamos que as mudas que não receberam luz ______________________________.

Você também se desenvolve

Vamos estudar o desenvolvimento e a reprodução de alguns seres vivos.

Como você era dois anos atrás? Muito diferente de hoje? Veja como Marcela era em dois momentos de sua vida.

Fotos: Monkey Business Images/Shutterstock

Marcela aos 5 anos.

Marcela aos 7 anos.

As fotografias mostram a menina no dia de seu aniversário de 5 e de 7 anos, respectivamente.

Dois anos atrás, com 5 anos de idade, Marcela tinha 1,15 metro de altura e calçava 29. Ela tinha 20 quilos e gostava muito de brincar de esconde-esconde.

Hoje Marcela tem 7 anos. Ela tem 1,25 metro de altura, 27 quilos e calça 32. Atualmente, ela gosta muito de brincar de pular corda.

Marcela está mudando à medida que o tempo passa. Ela está se desenvolvendo. Isso acontece com diferentes seres vivos.

1 Preencha o quadro abaixo com as informações do texto:

Marcela	Aos 5 anos	Aos 7 anos
Altura		
Peso		
Número do calçado		

2 Os seres humanos mudam à medida que o tempo passa. Numere as fotografias em uma sequência que indique o desenvolvimento do ser humano.

Tomwang112/iStockphoto/Getty Images

Pushish Images/Shutterstock

Jupiterimages/Goodshoot/Getty Images

suttisukmek/iStockphoto/Getty Images

View Stock/Getty Images

3 Converse com seus pais ou responsáveis e responda:

Compartilhe suas respostas com os colegas.

- Qual era o seu tamanho ao nascer? ______________________________
- Quantos quilos você tinha ao nascer? ______________________________
- Com que idade você começou a andar? ______________________________
- Com que idade você começou a falar? ______________________________

4 Escreva uma legenda para cada imagem abaixo. Use os termos do banco de palavras para descrever e explicar em que fase da vida estão os seres vivos que aparecem.

Em sua descrição, você pode citar o tamanho, a coloração e o formato do corpo do ser vivo.

filhote adulto

GreyCarnation/iStockphoto/Getty Images

Perutskyi Petro/Shutterstock

Fabio Colombini/Acervo do fotógrafo

Juergen Freund/Nature PL/Getty Images

5 As cartas abaixo, do baralho **Adultos e Filhotes**, escondem alguns seres vivos.

a) Ligue os pontos e descubra o contorno desses seres vivos.

b) Indique o nome de cada ser vivo representado.

c) Converse com os colegas para então preencher, em cada carta, o campo "Onde pode ser encontrado".

Elementos representados em tamanhos não proporcionais entre si.

Nome: ______________________

Onde pode ser encontrado: ______________________

______________________.

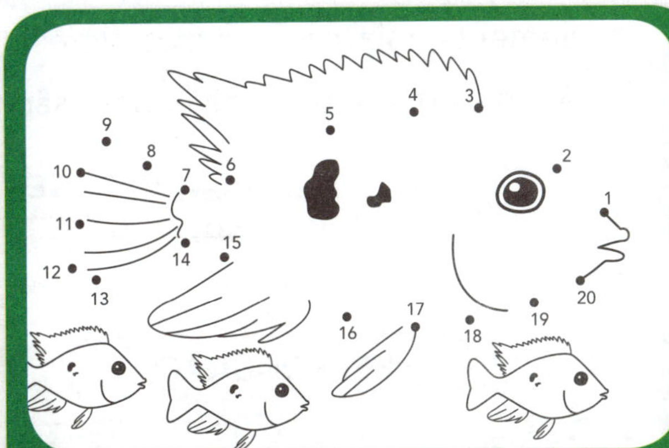

Nome: ______________________

Onde pode ser encontrado: ______________________

______________________.

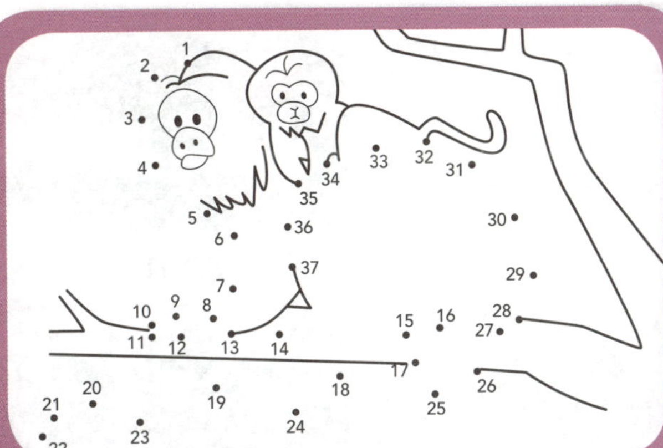

Nome: ______________________

Onde pode ser encontrado: ______________________

______________________.

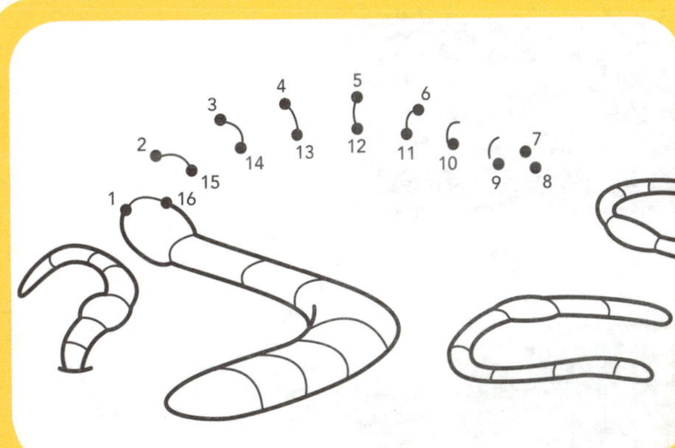

Nome: ______________________

Onde pode ser encontrado: ______________________

______________________.

Ilustrações: Mouses Sagiorato/Arquivo da editora

Vamos ver de novo?

Neste capítulo você aprendeu que:

- Os seres vivos se desenvolvem e podem se reproduzir.
- Animais e plantas são exemplos de seres vivos.
- Semente, raiz, caule, folhas, flores e frutos são nomes de estruturas de plantas.
- Água e luz, entre outros fatores, são importantes para o desenvolvimento vegetal.

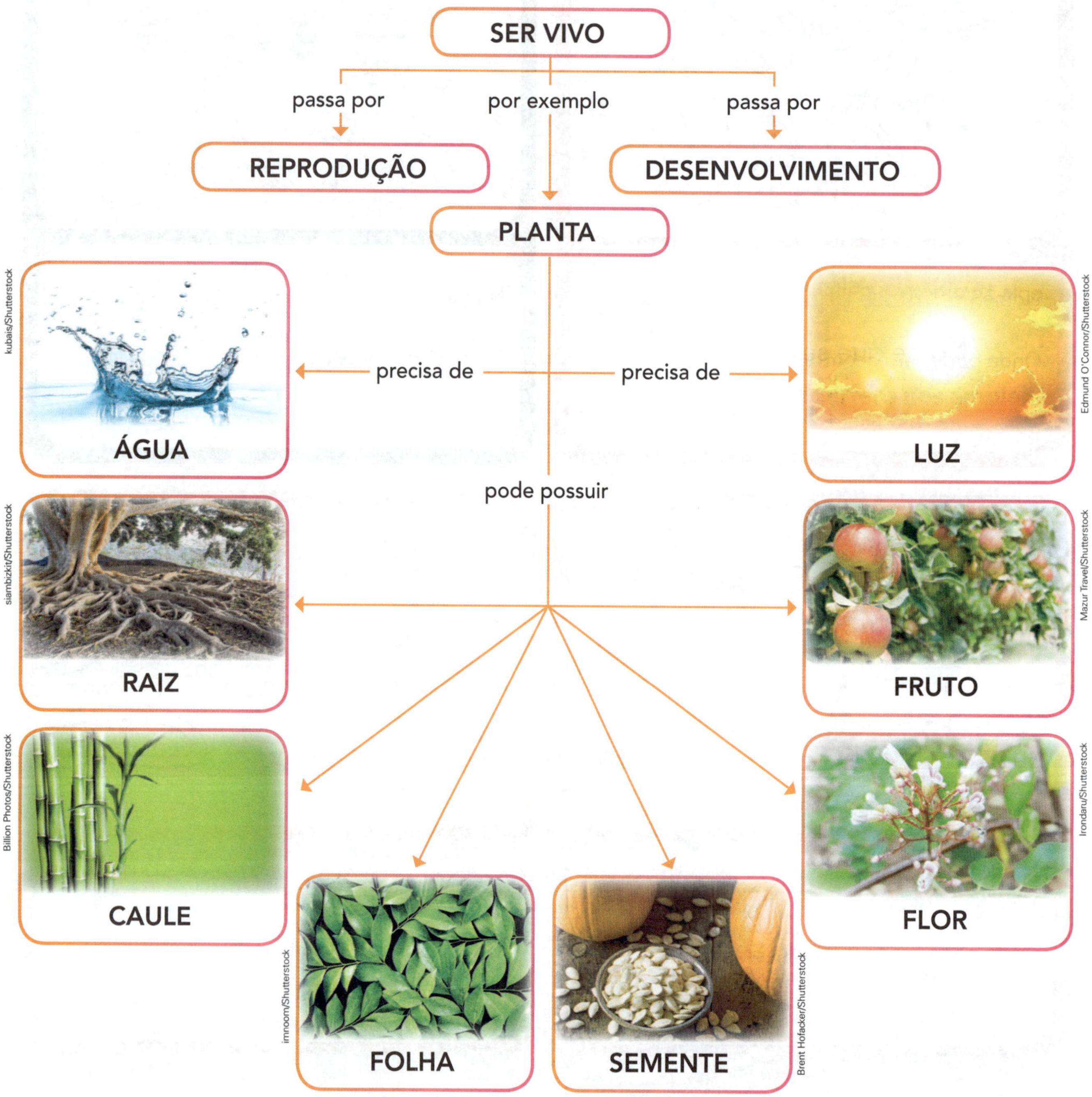

1. Responda: O que é o desenvolvimento de um ser vivo?

____

____

____

2. Você concorda com o que diz a criança ao lado? Converse com os colegas e explique sua resposta.

Mouses Sagiorato/Arquivo da editora

3. Complete a cruzadinha sobre o que foi visto no capítulo. Veja abaixo informações de cada item.

a) Com cerca de 60 dias, esse ser vivo já produz pequenas flores.

b) São seres vivos que podem ser plantados pelo ser humano.

c) Estrutura que mantém a planta presa ao solo.

d) Nome que se dá a um animal quando ele acaba de nascer.

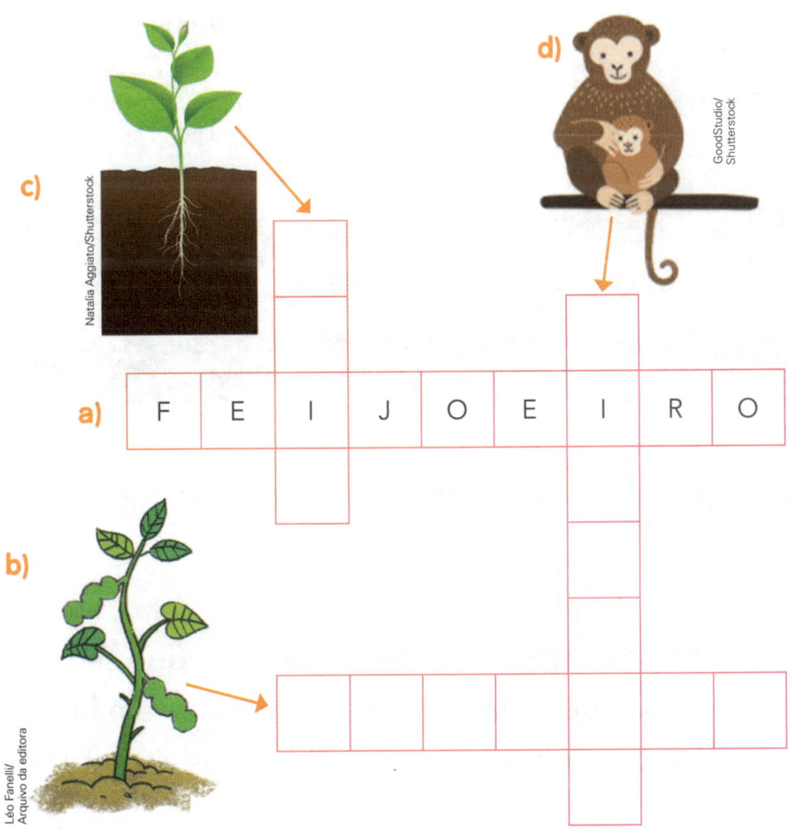

Natalia Aggiato/Shutterstock; GoodStudio/Shutterstock; Léo Fanelli/Arquivo da editora

Elementos representados em tamanhos não proporcionais entre si.

Tecendo saberes

1 Leia o poema abaixo e observe com atenção a ilustração. Depois, faça as atividades a seguir.

Hagaquezart Estúdio/Arquivo da editora

Fazenda

Fazenda é uma palavra verde,
tem doce com gosto de fruta
e, também, torresmo,
leite, rapadura e saudade.

A palavra fazenda tem cheiro
de flores, hortelã, eucalipto,
capim-gordura e curral.
Tem barro, tem berros, latidos,
mugidos, gritos, modas de viola
e canto de galo e de pássaros.

A palavra fazenda deixa histórias,
calos nas mãos e carícias na terra.

Elias José e Elisabeth Teixeira. **Pequeno dicionário poético-humorístico ilustrado**. São Paulo: Paulinas, 2015.

2 Escreva algumas palavras expressando o que você sentiu ao ler esse poema.

____

3 Circule no poema: em **vermelho** as palavras que se referem a alimentos; em **azul** as palavras que se referem a sentimentos; em **laranja** as palavras que se referem a sons; e em **preto** o nome dos seres vivos citados.

4 Com base na leitura do poema da página anterior, complete o quadro abaixo.

Palavras que se referem a	Palavras encontradas	Número de palavras encontradas
Alimentos		
Sentimentos		
Sons		
Seres vivos		

5 Se cada som citado nesse poema valesse dois pontos, quantos pontos esse texto somaria?

6 Em uma folha avulsa, escreva um poema, como o que você leu, sobre algum dos ambientes que estudamos, como a floresta ou o campo agropecuário. Escolha palavras que "somem mais pontos" ao seu poema. Não se esqueça de fazer um desenho para ilustrá-lo.

7 As palavras abaixo foram citadas no poema que lemos na página anterior. Complete o quadro com o plural dessas palavras.

Singular	Plural
Galo	
Flor	
Curral	
Mão	
Pássaro	

O que estudamos

Nesta unidade:

- Estudamos que alguns ambientes podem ser modificados pelo ser humano.
- Entendemos que alguns ambientes têm sido malcuidados pelos seres humanos.
- Aprendemos que nos ambientes existem seres vivos que se reproduzem e se modificam com o passar do tempo.

Observe as imagens a seguir e relembre o que estudou. Depois, converse com os colegas e o professor sobre o que você aprendeu nesta unidade que antes não sabia.

Você...

Registre suas ideias no caderno.

Ernesto Reghran/Pulsar Imagens

Zig Koch/Opção Brasil Imagens

... observou campos agropecuários, florestas e cidades.

Ernesto Reghran/Pulsar Imagens

... analisou como o ser humano tem modificado o ambiente.

Mouses Sagiorato/Arquivo da editora

... aprendeu como pode cuidar do ambiente.

Fernando Araújo/Futura Press

... entendeu que plantar pode ser uma maneira de cuidar do seu entorno.

Eduardo Santaliestra/Arquivo da editora

... investigou como algumas plantas se desenvolvem com o passar do tempo.

Fabio Colombini/Acervo do fotógrafo

... estudou o desenvolvimento e a reprodução de alguns animais.

Para refletir e conversar

Folheie as páginas anteriores e reflita sobre valores, atitudes e o que você sentiu e aprendeu nesta unidade.

- Quais animais e plantas você mais gostou de estudar?
- Como você se sente quando está em um ambiente bem cuidado? E em um ambiente malcuidado?
- A partir de agora, o que você vai fazer para ajudar a cuidar do ambiente de casa e da escola?

Unidade

2 Desenvolvimento e corpo humano

Kami Queiroz/Arquivo da editora

- Quantos anos você acha que tem a menina que está na cama? Justifique a resposta.
- Todos nessa imagem parecem estar bem de saúde? Explique a resposta.
- Na sua opinião, o que a criança está sentindo?

Capítulo 3

Você está ficando mais velho

Goran Bogicevic/Shutterstock

Você já ficou com uma "janelinha" entre os dentes?

Para iniciar

Neste capítulo vamos estudar nossos dentes, alguns hábitos que promovem saúde e também nossos sentidos.

- Você já perdeu algum dente? E depois disso apareceu um novo dente no lugar?
- O que você faz para cuidar dos seus dentes? E do seu corpo?
- Faça duas listas de palavras: uma para descrever o que você percebe ao tocar algo; outra para os cheiros que você sente.

Atividade prática

Vamos observar nossos dentes e os dentes de um colega?

Como fazer

Eduardo Santaliestra/Arquivo da editora

1. Fique em frente a um espelho e observe seus dentes.

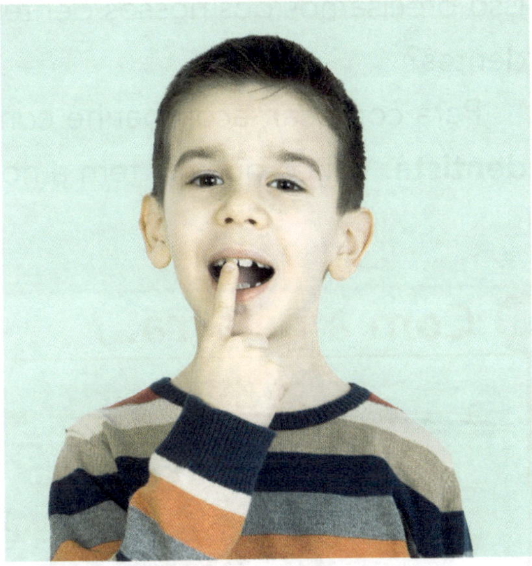

Deyan Georgiev/Shutterstock

2. Conte quantos dentes você tem.

Fernando Favoretto/Criar Imagem

3. Observe os dentes de um colega e compare-os com os seus.

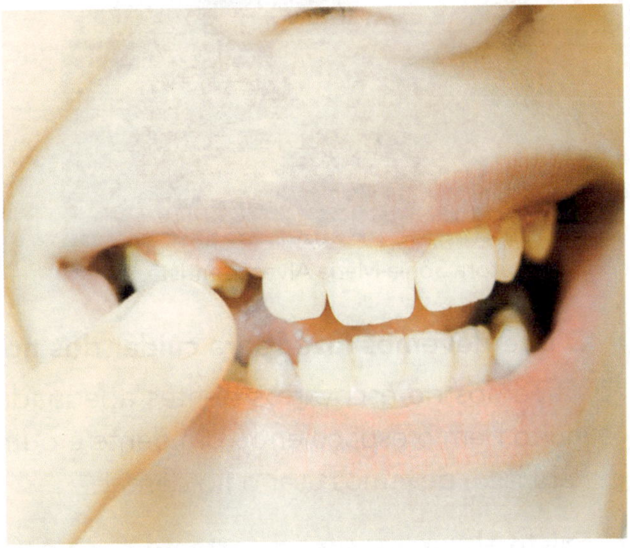

Yilmaz Uslu/Shutterstock

4. Depois, troquem ideias sobre os dentes de cada um de vocês: Quais já caíram? Quais apareceram recentemente?

Seus dentes, sua idade

Vamos estudar nossos dentes e aprender a cuidar deles.

Mastigar os alimentos antes de engolir é o primeiro passo da digestão. E para isso precisamos dos nossos dentes. Que tal conhecer um pouco melhor os seus dentes?

Para começar, acompanhe com o professor a leitura da entrevista com uma **dentista**. Veja o que ela tem a nos dizer.

Com a palavra...

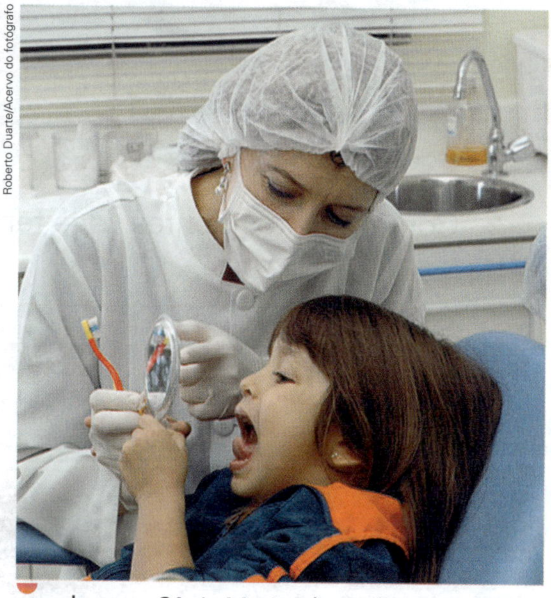

Roberto Duarte/Acervo do fotógrafo

... a doutora Sônia Maria Alves, dentista.

Por que os dentes das crianças caem?

Embaixo do dente de leite da criança existe outro dente. À medida que esse outro dente cresce, o dente de leite vai "amolecendo" (desprendendo-se da gengiva) até cair e dar lugar ao outro.

Quanto tempo dura o dente que substitui o dente de leite?

Ele ficará conosco pelo resto da vida, por isso é chamado de **dente permanente**. Em geral, um adulto tem 32 dentes permanentes, e uma criança que ainda não começou a trocar os seus dentes tem 20 dentes de leite.

O que devemos fazer para cuidar dos nossos dentes?

Temos de escovar os dentes adequadamente. Além disso, é importante limpar muito bem o espaço entre um dente e outro, pois aí pode se acumular muita sujeira. Para isso, devemos usar o fio dental.

Existe algum recado importante que você gostaria de nos passar?

Sim, o primeiro é: evite comer balas, doces e outras guloseimas. Eles são gostosos, mas contribuem para que ocorram vários problemas nos dentes. O segundo recado é: visite um dentista regularmente. Ele pode ajudá-lo a manter os dentes limpos e a prevenir problemas dentários.

1 O cartaz abaixo explica como cuidar dos dentes corretamente. Ajude a terminá-lo seguindo estes passos:

a) Use os termos do banco de palavras para completar as lacunas do texto.

escova gengiva dentes boca

b) No espaço em branco, faça um desenho ou cole uma imagem para ilustrar o cartaz.

Como cuidar dos dentes

Para ter dentes fortes e saudáveis, é importante utilizar o fio dental, escová-los após cada refeição e visitar regularmente o dentista. Conheça agora os passos para uma boa escovação.

1. Passe fio dental para limpar os espaços entre os ________________.

AAraujo/Shutterstock

2. Coloque a escova na linha da gengiva. Faça movimentos de vaivém com delicadeza para não machucar a ________________.

LightField Studios/Shutterstock

3. Com a escova ligeiramente inclinada, faça movimentos de cima para baixo nos dentes de cima. Depois, escove todos os ________________ de baixo fazendo movimentos de baixo para cima.

4. Repita os mesmos movimentos em todas as partes dos dentes. E não se esqueça de escovar cuidadosamente os dentes do fundo.

5. Escove com delicadeza a língua também. Por fim, enxágue a ________________ para completar uma boa higiene.

6. Lembre-se de manter a sua ________________ sempre limpa.

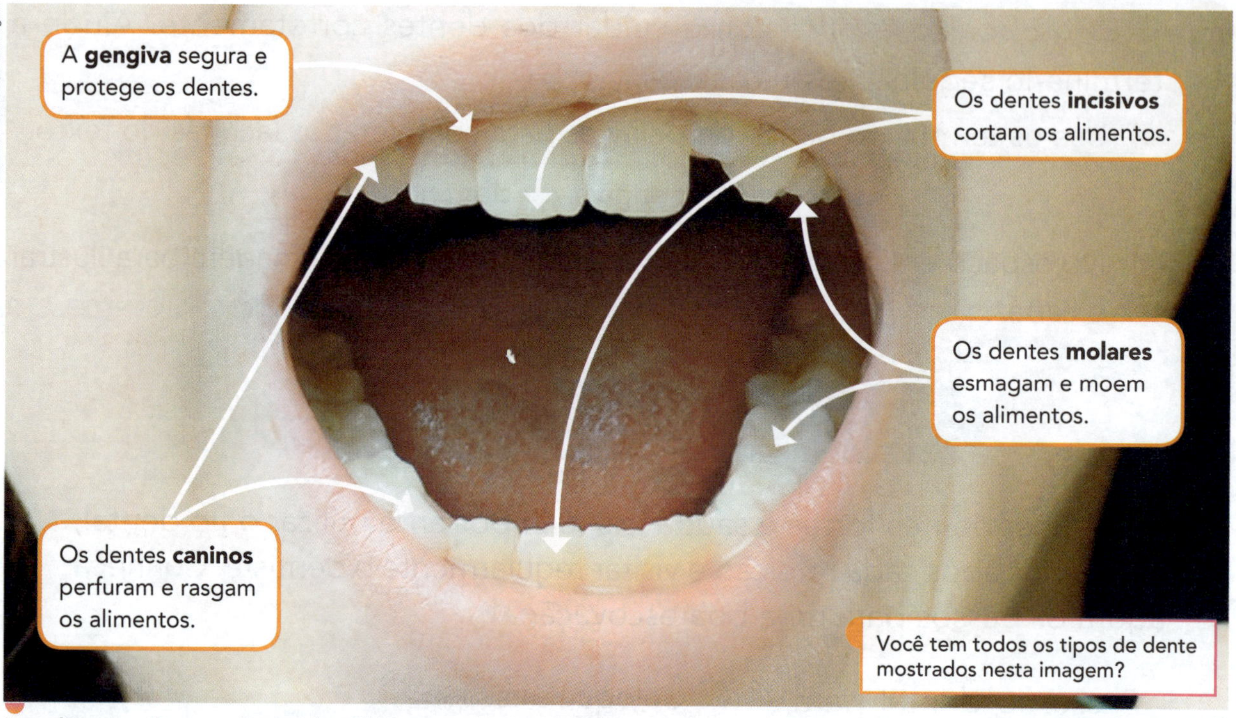

Fernando Favoretto/Criar Imagem

Localização da gengiva e dos diferentes tipos de dente.

2 Observe a imagem acima e as da próxima página. Depois, leia as legendas e troque ideias com os colegas:

a) Os dentes são todos iguais?

b) Explique: Para que serve o fio dental?

____

____

____

____

3 Observe novamente os seus dentes e os de um colega. Preencha a tabela informando quantos dentes cada um de vocês tem.

Sugestão de...
Livro
Balas, bombons, caramelos. Ana Maria Machado. São Paulo: Moderna, 2008.

Não se esqueça de escrever o nome do colega!

	Tipos de dente		
	Incisivos	Caninos	Molares
Eu	______	______	______
______	______	______	______

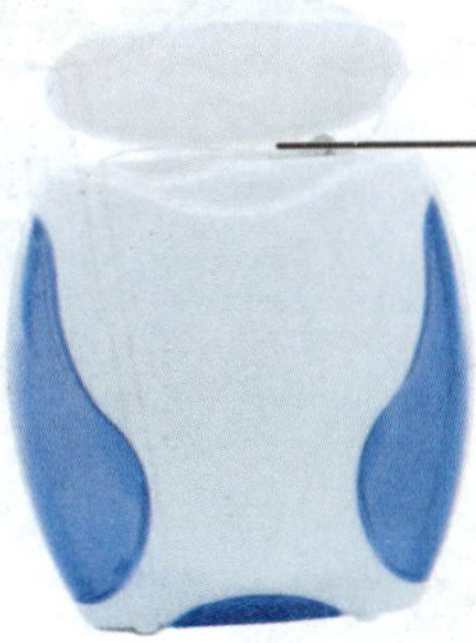
Levent Konuk/Shutterstock

Fio dental.

Hagaquezart Estúdio/Arquivo da editora

4 O que você diria para convencer alguém sobre a importância de lavar a escova de dentes?

____

____

____

5 No espaço abaixo, crie uma história em quadrinhos explicando como se deve escovar os dentes.

Seus hábitos, sua idade

Vamos refletir sobre o que fazemos para cuidar do corpo.

Você já se esqueceu de escovar os dentes?

Quando somos mais novos, precisamos que os adultos nos lembrem de certos cuidados:

— Vá escovar os dentes!

— Deixe de comer bobagens!

Mas, à medida que ficamos mais velhos, passamos a nos cuidar mais: sozinhos, nós escovamos os dentes e tomamos banho, penteamos os cabelos, cortamos as unhas, lavamos as mãos. Todos esses hábitos são relacionados à higiene do corpo.

Mas, além desses, existem outros hábitos importantes para a nossa saúde, como: ir ao dentista regularmente, dormir um número adequado de horas e nos alimentar de maneira saudável.

Quais desses hábitos você já tem? E de quais cuidados os adultos ainda precisam lembrá-lo?

Léo Fanelli/Arquivo da editora

Sugestão de...
Livro
Não quero... tomar banho. Ana Oom. São Paulo: FTD, 2014.

1 Com base na leitura do texto, faça um desenho em cada quadro, conforme a legenda.

Exemplo de hábito de higiene do corpo.

Exemplo de hábito que faz bem à saúde em geral.

2 Leia a tirinha. Ela mostra uma personagem que desenvolveu um hábito não recomendado.

Fonte: Banco de imagens MSP.

Agora, responda:

a) Qual é o hábito não recomendado, característico dessa personagem?

____

b) Será que, assim como essa personagem, você tem algum hábito que não deve servir de exemplo para ninguém?

____

____

Assim também aprendo

Vamos jogar o **Jogo dos hábitos opostos**? Ele pode nos ajudar a desenvolver hábitos saudáveis para o nosso bem-estar.

1. Destaquem as cartas do **Baralho de hábitos**, do **Ápis divertido**.
   O **Baralho de hábitos** possui algumas cartas com hábitos **recomendados** (por exemplo, tomar banho diariamente) e outras, com hábitos **não recomendados** (por exemplo, não escovar os dentes).
2. Misturem as cartas do baralho e deixem-no no local indicado no tabuleiro.
3. Destaquem o dado numérico do **Ápis divertido**.

Utilizem grãos de feijão coloridos para marcar as casas no tabuleiro.

4. Joguem o dado para saber quantas casas andar na trilha.

5. Após andarem na trilha, retirem uma carta do baralho de hábitos.
   - Se a carta for de um hábito não recomendado, o jogador deve voltar uma casa.
   - Se a carta for de um hábito recomendado, o jogador deve avançar uma casa.

6. Sempre que pararem nas casas ilustradas, outro jogador deve ser escolhido para fazer uma mímica para representar esse hábito. E, assim, a legenda deve ser escrita, explicando o hábito ilustrado.

7. O objetivo é terminar o percurso antes dos outros jogadores.

Giz de Cera/Arquivo da editora

Sentir e perceber

Vamos explorar nossos sentidos.

Ilustrações: Mouses Sagiorato/Arquivo da editora

Você sabe explicar o que percebe a sua volta?

Por meio dos nossos sentidos percebemos o mundo. Aquilo que cheiramos com o nariz se refere ao sentido do **olfato**. O que vemos com os olhos se refere ao sentido da **visão**. Já o que percebemos ao tocar em algo se refere ao **tato**. Aquilo que as orelhas ouvem se refere à **audição**. E o que provamos com a língua se refere à **gustação**.

Os sentidos não funcionam sozinhos. Por exemplo, se você estiver de nariz tapado e colocar um alimento na boca, a percepção do sabor do alimento ficará alterada.

Conforme ficamos mais velhos, vamos aprendendo a usar palavras mais adequadas para explicar e descrever o que percebemos. Por exemplo, uma coisa pode ser lisa e ter cheiro de madeira, algo pode ser amargo e verde, etc.

1 A cruzadinha dos sentidos foi feita com base no texto da página anterior. Complete as frases abaixo e, depois, use as mesmas palavras para preencher a cruzadinha.

a) Aquilo que "sinto com as minhas mãos" se refere ao sentido do tato.

b) O que "vejo com meus olhos" se refere ao sentido da ______.

c) O que "cheiro com meu nariz" se refere ao sentido do ______.

d) O que "provo com a minha língua" se refere ao sentido da ______.

e) O que "as orelhas ouvem" se refere ao sentido da ______.

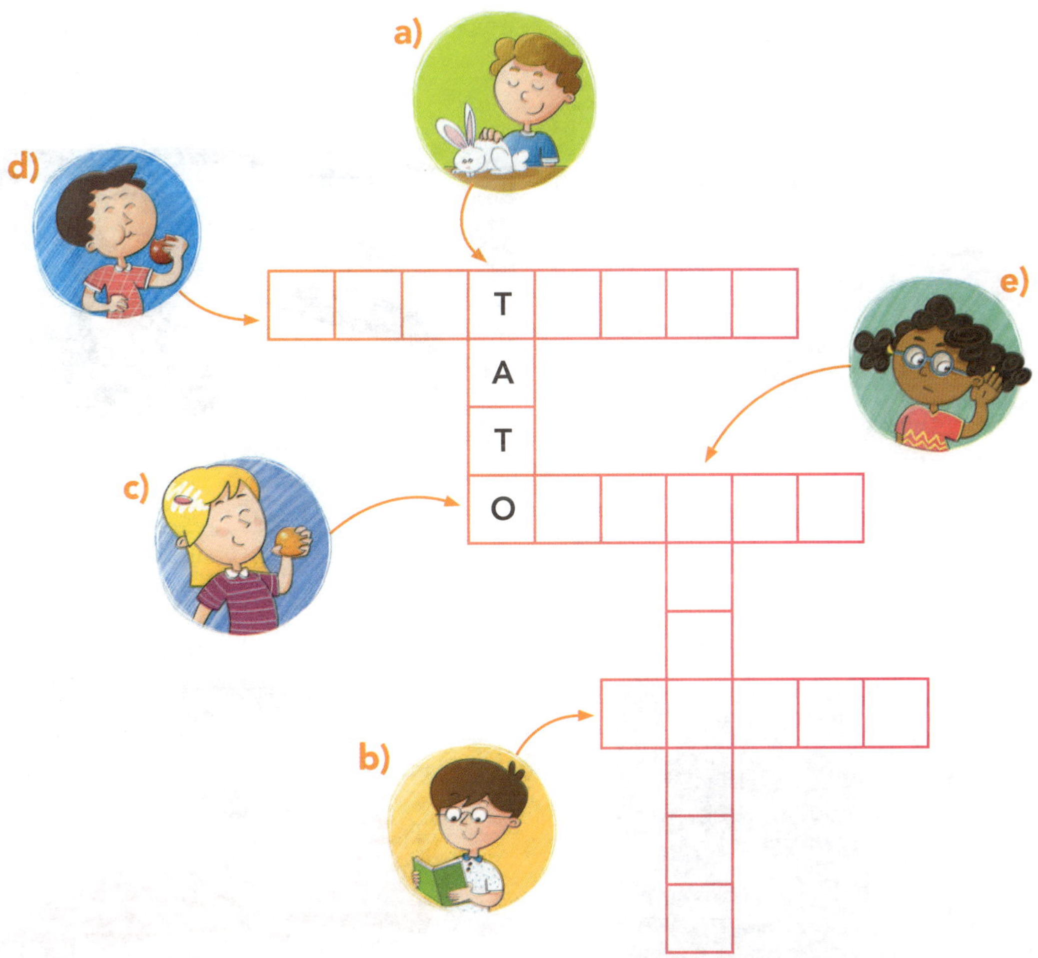

Ilustrações: Mouses Sagiorato/Arquivo da editora

2 Vamos fazer um **Dicionário do corpo humano**? No caderno, escreva uma definição para os termos referentes aos sentidos do nosso corpo: **visão**, **audição**, **tato**, **gustação** e **olfato**.

3 Faça uma legenda para cada imagem desta página. Em seu texto, descreva que sensações você associa ao que é mostrado. Use os termos do banco de palavras.

salgado	liso	áspera	rugoso	queimado	floral

Kamila Alina Gurfinkel/Shutterstock

HeikeKampe/iStockphoto/Getty Images

Fernando Favoretto/Criar Imagem

Fernando Favoretto/Criar Imagem

Ivanova Tetyana/Shutterstock

3445128471/Shutterstock

4 A história em quadrinhos abaixo, sobre o tema "sentidos", está incompleta. Termine as frases dos quadrinhos **1**, **2** e **3**. Depois, crie desenhos e frases para os dois últimos quadrinhos.

Compartilhe sua história com os colegas.

1

Pela manhã acordo com o som do

______________________________.

2

No café da manhã, sinto o cheiro de

______________________________.

Ilustrações: Mouses Sagiorato/Arquivo da editora

3

Sinto na boca o gosto doce da

______________________________.

4

____

____

5

____

Vamos ver de novo?

Neste capítulo você aprendeu que:

- Nossa dentição muda à medida que o tempo passa.
- Devemos escovar os dentes corretamente e visitar o dentista regularmente.
- Devemos desenvolver hábitos que favoreçam nossa saúde, como os de higiene.
- Possuímos diferentes sentidos: tato, gustação, olfato, visão e audição.

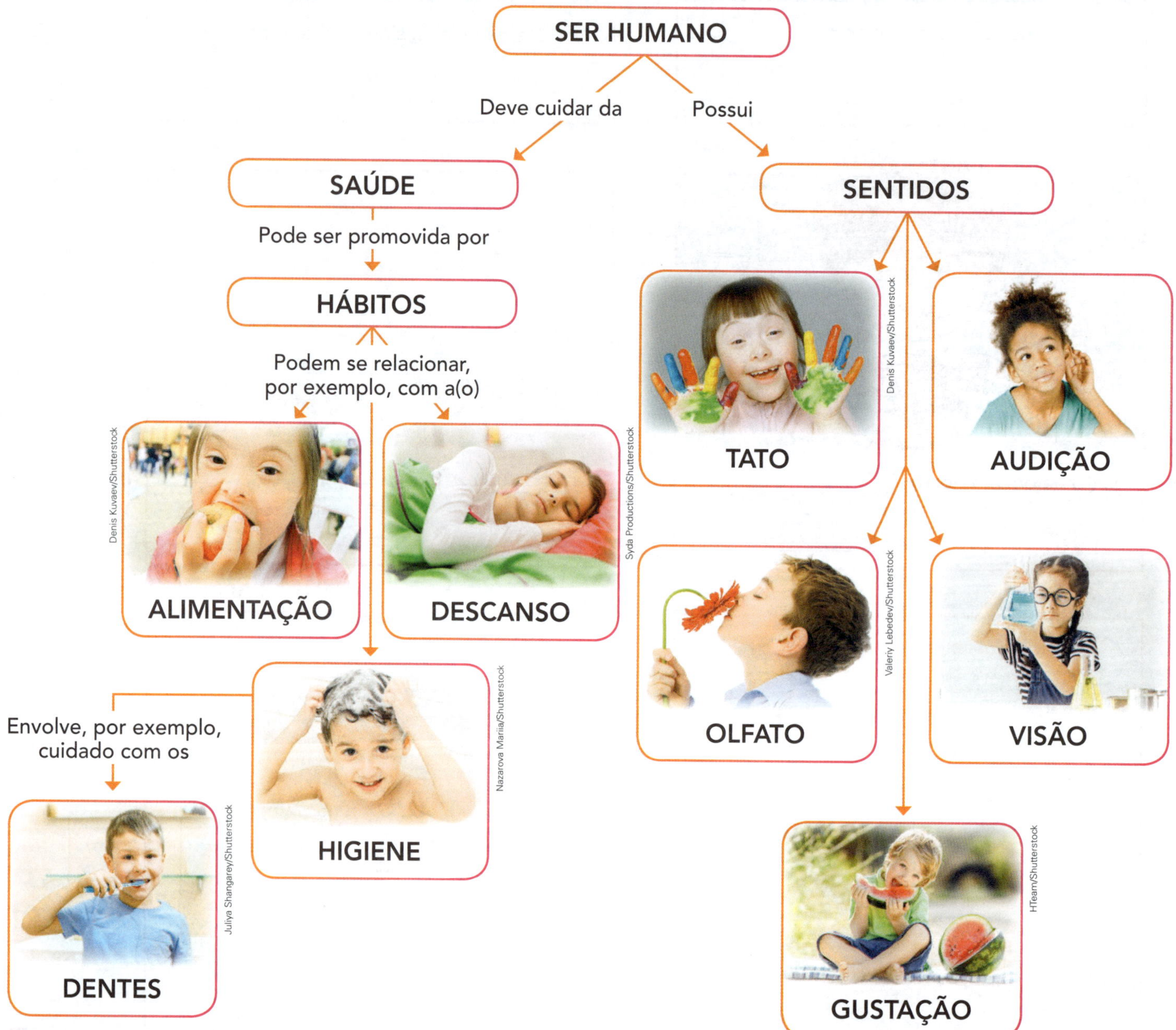

1 Complete os esquemas usando os termos e as expressões mais adequados do banco de palavras.

dente permanente	escovação	dente de leite

Dente → Pode ser → ______ / ______

Dente → Deve receber → ______

2 Leia esta tirinha e em seguida responda.

© Mauricio de Sousa/Mauricio de Sousa Editora Ltda.

Fonte: Banco de imagens MSP.

a) Qual hábito não recomendado é característico desse personagem?

____

b) No caderno, faça uma história em quadrinhos para mostrar, de forma bem-humorada, um hábito que você sabe que deve mudar ou um hábito que você acha que deve adquirir.

3 Analise a imagem e converse com os colegas: Que sentidos estão sendo usados pelas pessoas?

Mouses Sagiorato/Arquivo da editora

Capítulo 4

Ferimentos e cuidados

RyanJLane/Getty Images

Você sabe cuidar do seu corpo?

Para iniciar

Neste capítulo vamos estudar como podemos cuidar melhor de nós mesmos: tratando dos machucados e evitando acidentes.

- O que você acha que pode fazer para evitar acidentes e diminuir as chances de se machucar?
- Quando alguém sofre arranhões e ferimentos leves, o que podemos fazer para tratar esses machucados?
- Você já foi a um posto de saúde? Você sabe em que situações as pessoas vão a um posto de saúde?

Atividade prática

Que tal montar a peça *Posto de saúde* com os colegas?

Como fazer

1. Decidam quem serão as personagens principais e por que vão procurar o posto de saúde.

2. Caprichem na montagem do cenário que representará o posto de saúde.

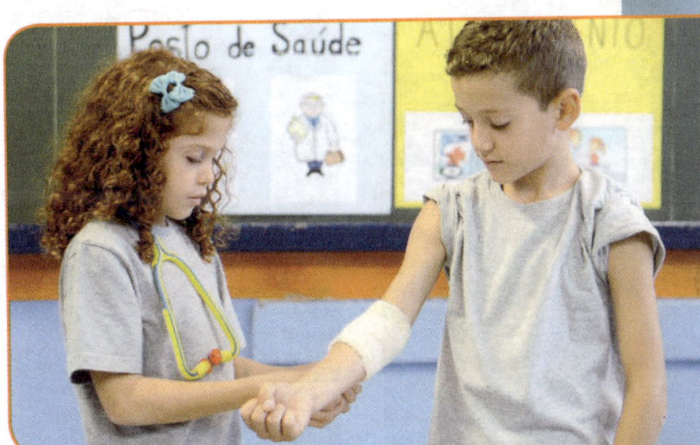

3. Encenem o atendimento feito pelo médico, enfermeiro ou agente de saúde.

4. Encerrem a peça teatral com um recado sobre a importância dos postos de saúde.

Fotos: Fernando Favoretto/Criar Imagem

Quando nos machucamos...

Vamos aprender a cuidar dos machucados.

Você já se machucou?

Observe a seguir fotografias que mostram a recuperação de um pequeno corte na pele.

Fotos: Erich Schrempp/Science Source/Fotoarena

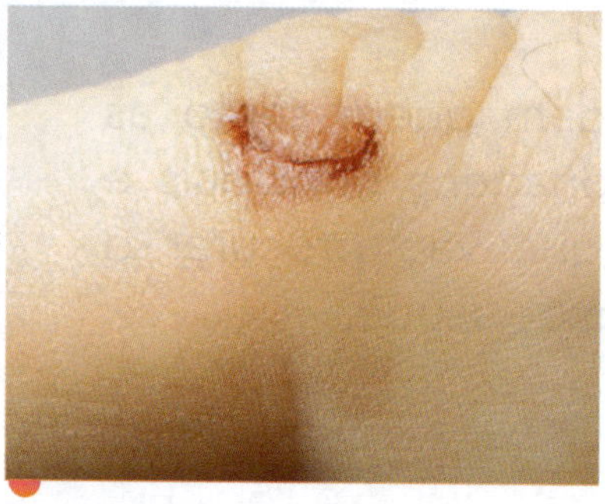
Ferida recente.

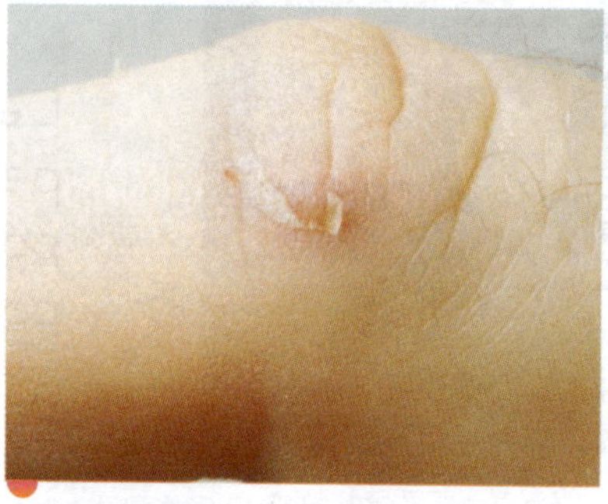
Ferida após uma semana.

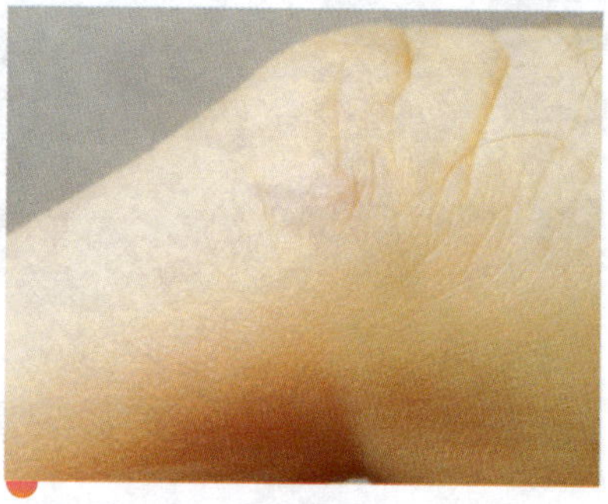
Ferida após um mês.

Agora veja as radiografias ao lado, de um osso quebrado que se curou.

À medida que o tempo passa, as feridas e os machucados cicatrizam, e até um osso quebrado pode se recuperar.

No caso de ferimentos superficiais, como um corte, é importante sempre manter a área limpa para evitar que o machucado piore.

Já para casos de fratura óssea, é preciso ir ao médico para conduzir o tratamento adequado.

Se você sofrer um ferimento, avise um adulto para ele avaliar se é necessário procurar um posto de saúde. Também não passe nenhum produto no machucado sem antes conversar com um adulto.

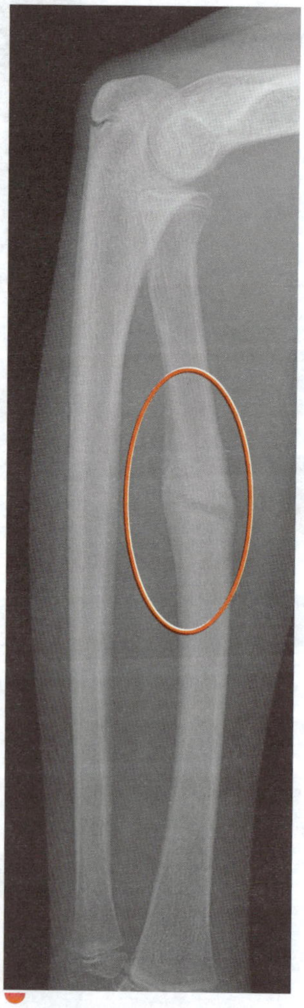
Fratura recente.

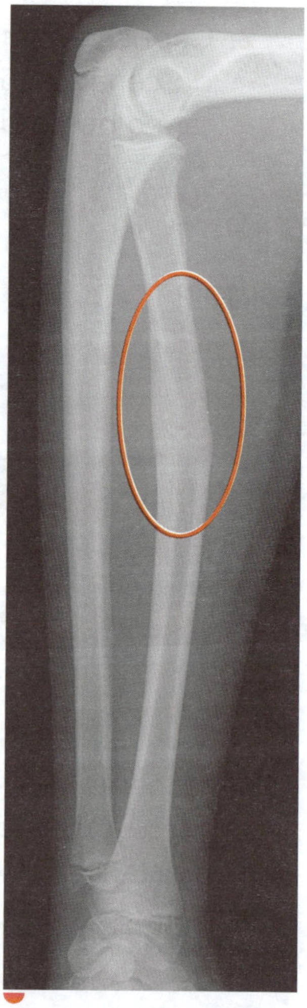
Fratura após um mês.

Fotos: Bates, M.d./custom Medical Stock Photo/SPL/Fotoarena

1 Reveja, na página anterior, as fotografias do dedo machucado. Agora, complete o texto abaixo, explicando como o corte cicatrizou.

A menina machucou o dedo.

Logo depois de se machucar, a pele do dedo da menina estava ______________________________.

Mas, depois de uma semana, a pele do dedo estava ______________________________.

Depois de um mês, a pele do dedo estava ______________________________.

2 Observe a seguir radiografias de diferentes partes do corpo. Identifique a imagem que apresenta um osso quebrado e marque-a com um **X**.

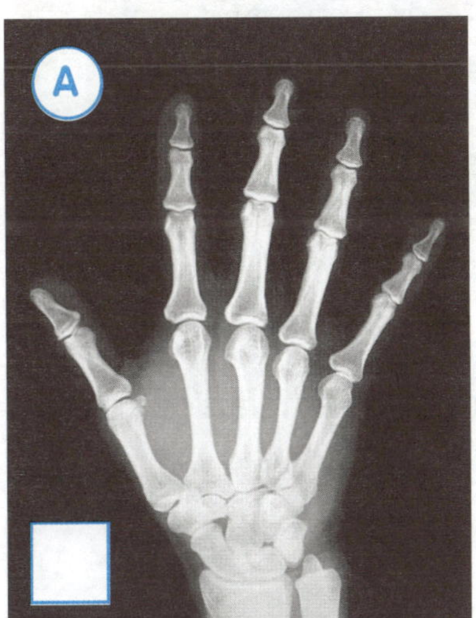

Antoniomas/Shutterstock

Radiografia de mão.

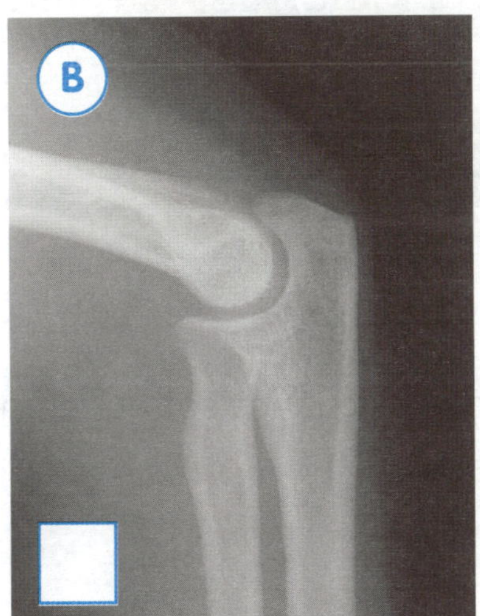

Ted Kinsman/Science Source/Fotoarena

Radiografia de braço.

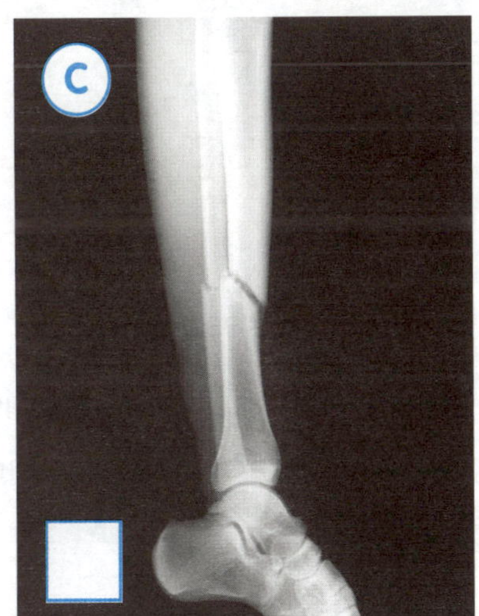

SPL/Fotoarena

Radiografia de perna.

3 Troque ideias com os colegas e responda: Quando você, ou outra criança, se machuca, por que é importante avisar um adulto?

4 Leia as histórias em quadrinhos, que começam nesta página e continuam na página seguinte, e crie um título para cada história.

Ilustrações: Hagaquezart Estúdio/Arquivo da editora

Ilustrações: Hagaquezart Estúdio/Arquivo da editora

5 Agora, responda:

a) Em qual dessas histórias a criança sofreu ferimentos superficiais? Explique como foi esse ferimento.

b) Em qual das histórias a criança sofreu um ferimento mais grave? Explique sua resposta.

Ilustrações: Hagaquezart Estúdio/Arquivo da editora

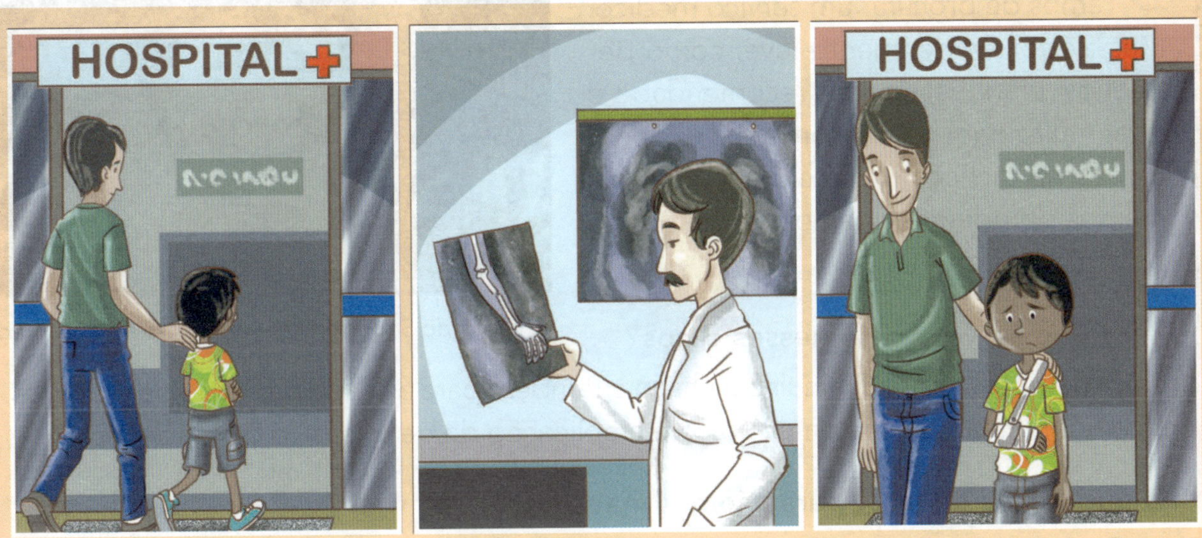

Ilustrações: Hagaquezart Estúdio/Arquivo da editora

6 Troque ideias com os colegas e explique:

a) O que foi feito para tratar do machucado na primeira história?

b) O que foi feito para tratar do machucado na segunda história?

7 Em uma folha avulsa, faça uma história em quadrinhos para contar alguma vez em que você se machucou. Conte também como foi o tratamento.

Cuide-se!

Vamos aprender mais sobre cuidados que devemos ter com o corpo.

Um jeito de cuidar da saúde é evitar se machucar. Outro jeito é tomar vacinas. Essas são dicas de uma experiente **enfermeira**. Acompanhe com o professor a leitura da entrevista e veja o que mais essa profissional tem a nos dizer!

Com a palavra...

Reprodução/Acervo do autor

... Maria do Socorro Lima, enfermeira aposentada.

Quando nos machucamos, o que devemos fazer?

Temos de procurar um serviço médico. Mas, se for um ferimento leve, como pequenos arranhões, o mais recomendado é lavar muito bem o local com água e sabão. Se ocorrer inchaço – que é o que nós chamamos de edema –, temos de usar compressa de gelo.

Para que serve o gelo nesses casos?

O gelo serve para diminuir o inchaço e também para aliviar a sensação de dor. Mas, se o edema não diminuir mesmo com a aplicação de gelo, temos de ir ao médico.

O que temos de fazer para não nos machucar?

Todas as crianças gostam de brincar. Geralmente, não têm noção do perigo e acabam se arriscando. Por isso, as crianças têm de ouvir quando os adultos lhes alertam sobre os riscos que estão correndo! Não podem mexer com eletricidade e com facas na cozinha; não podem brincar na piscina sem ter um adulto por perto; não devem andar descalças em locais não apropriados; não devem andar no carro sem o cinto de segurança, entre outras precauções.

Que outras orientações você gostaria de dar para as crianças?

Crianças não podem ficar mexendo com o que não é apropriado: produtos perigosos, fogo, remédios. Evitar machucar-se é um jeito de cuidar da saúde; assim como cuidar da alimentação, ter hábitos de higiene e tomar vacinas para evitar certas doenças.

1 Segundo as orientações da enfermeira, que cuidados devemos ter para não nos machucar?

____

____

____

2 Complete a legenda das imagens, explicando que cuidados as pessoas estão tomando para evitar se machucar. Utilize os termos do banco de palavras.

fios elétricos faixa de pedestres proteção cinto de segurança

Zholobov Vadim/Shutterstock

Sempre atravesse a rua com um adulto na ______________________.

Greenland/Shutterstock

Ao andar de bicicleta, patins ou *skate*, use equipamentos de ______________________.

Fernando Favoretto/Criar Imagem

No carro, sente-se no banco de trás e use o ______________________.

Blend Images/LWA/Dann Tardif/DigitalVision/Getty Images

Solte pipa em locais abertos e bem longe dos ______________________.

3 Converse com os colegas: Por que tomar vacinas também é uma maneira de cuidar de nós mesmos?

4 Uma criança foi tomar vacina no posto de saúde. Numere cada imagem para indicar a sequência de eventos.

Ilustrações: Mouses Sagiorato/Arquivo da editora

5 Troque ideias com os colegas: Com qual das crianças a seguir você concorda?

Mouses Sagiorato/Arquivo da editora

6 Quando foi a última vez que você foi vacinado? Você sabe qual foi a vacina que tomou nesse dia?

____

7 Analise a carteira de vacinação e responda às questões.

Vacina	Proteção contra	Idade e número de doses										
		Ao nascer	2º mês	3º mês	4º mês	5º mês	6º mês	9º mês	12º mês	15º mês	4-6 anos	9 anos
BCG	Tuberculose	dose única										
Hepatite B	Hepatite B	1ª dose	2ª dose		3ª dose		4ª dose					
DTP/DTPa	Difteria, tétano, coqueluche		1ª dose		2ª dose		3ª dose			dose de reforço	dose de reforço	
Hib	Meningite		1ª dose		2ª dose		3ª dose					
Pólio inativada/oral	Poliomielite (paralisia infantil)		1ª dose		2ª dose		3ª dose			dose de reforço	dose de reforço	
Rotavírus	Diarreia		1ª dose		2ª dose							
Pneumocócica conjugada	Meningite, otite, pneumonia		1ª dose		2ª dose				dose de reforço			
Meningocócica C	Meningite			1ª dose		2ª dose			dose de reforço			
SCRV (tetraviral)	Sarampo, rubéola, caxumba, varicela									dose única		
SRC	Sarampo, caxumba, rubéola								1ª dose		2ª dose	
Hepatite A	Hepatite A								dose única			
HPV (meninas)	HPV (câncer de colo uterino)											2 doses
Febre amarela	Febre amarela							A partir dos 9 meses (áreas endêmicas)				

Fonte de pesquisa: Secretaria de Estado da Saúde do Espírito Santo. Disponível em: <http://saude.es.gov.br/media/sesa/vacina%c3%a7%c3%a3o/calend%c3%a1rio%20nacional%20de%20vacina%c3%a7%c3%a3o%20-%202017.pdf>. Acesso em: 17 dez. 2019.

Converse com seus pais ou responsáveis sobre sua carteira de vacinação: Há alguma vacina que não está em dia?

a) Com que idade é indicado tomar as doses da vacina contra a paralisia infantil (poliomielite)?

____

____

b) Para quais doenças é recomendado um reforço entre 4 e 6 anos de idade?

____

____

c) Quais são as vacinas indicadas para o bebê nos seis primeiros meses de vida?

____

____

Vamos ver de novo?

Neste capítulo você aprendeu que:

- À medida que o tempo passa, feridas, machucados e até mesmo fraturas podem ser curados.
- Podemos ver os ossos do corpo por meio de radiografias.
- Prevenir acidentes e usar equipamentos de proteção são maneiras de cuidar do nosso corpo.
- Hábitos de higiene, boa alimentação e tomar vacinas contribuem para nossa saúde.

SER HUMANO

pode sofrer → **MACHUCADOS**

por exemplo →

Jaromir Chalabala/Shutterstock

FRATURA ÓSSEA

Pode ser vista em →

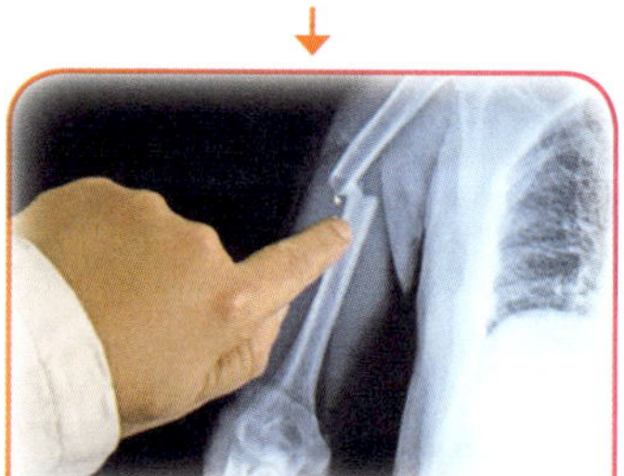

JK21/Shutterstock

RADIOGRAFIA

podem ser prevenidos com →

ANURAK PONGPATIMET/Shutterstock

EQUIPAMENTOS DE PROTEÇÃO

deve cuidar da → **SAÚDE**

pode ser promovida por →

Smikeymikey1/Shutterstock

HÁBITOS

por exemplo, tomar →

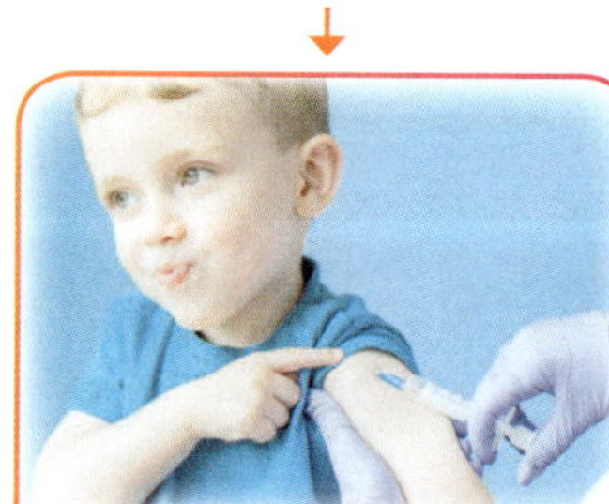

Volodymyr Maksymchuk/Shutterstock

VACINAS

1. Observe as imagens e complete a legenda, explicando o que está sendo feito para cuidar do corpo.

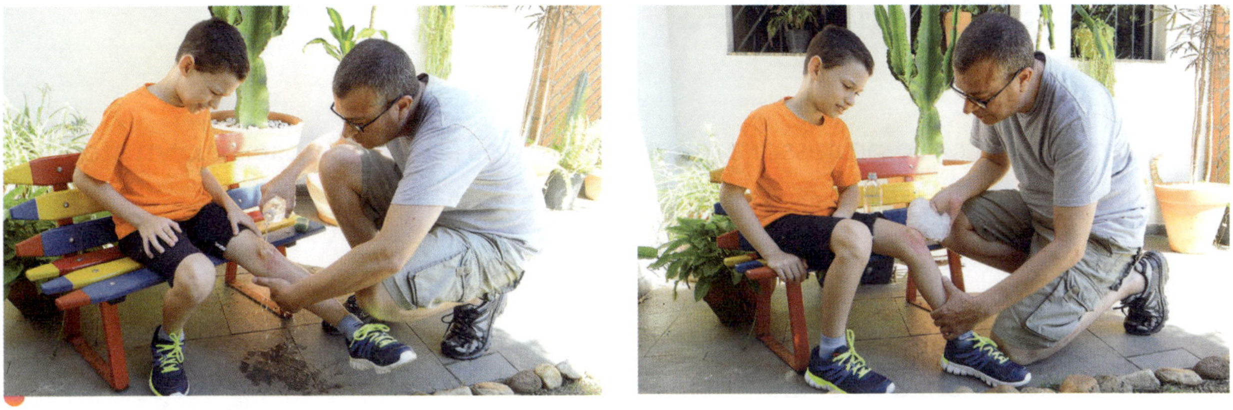

Fotos: Fernando Favoretto/Criar Imagem

Quando sofremos um ferimento leve, o melhor a fazer é ______________________________

____

____

______________________________.

2. Observe a ilustração abaixo e responda às questões.

Mouses Sagiorato/Arquivo da editora

a) Quais equipamentos de segurança as crianças estão usando?

____

b) O que você diria para convencer alguém a usar esses equipamentos?

____

____

Tecendo saberes

1 Acompanhe com o professor a leitura dos textos abaixo e observe com atenção a ilustração. Depois, responda às questões da próxima página.

Antigamente eu tinha um nome tão bonito
Antigamente ela era minha mãe
Antigamente eu era a filha mais querida
Antigamente eu vivia de verdade
Agora estou aqui tão só
Coberta pelo pó
[...]

Antigamente. Sandra Peres e Zé Tatit.
Em: CD **Canções curiosas**. São Paulo:
Palavra Cantada/MCD World Music, 2000.

Hagaquezart Estúdio/Arquivo da editora

Mas que bobinha, boneca de estimação
Você vai morar **sempre** dentro do meu coração
Você é pra mim bem mais que um brinquedo
Você é quem sabe todos os meus segredos

Mesmo que eu **nunca** brinque contigo
Como alguns anos **atrás**
Até que eu tento, mas **já** não consigo
Pois me distraio demais

É que eu cresci
Não sei por quê
Não vou fingir
Você tem que entender
[...]

Tente entender. Sandra Peres e Zé Tatit.
Em: CD **Canções curiosas**. São Paulo:
Palavra Cantada/MCD World Music, 2000.

a) Quem é a personagem que está falando no primeiro texto?

____

b) Quem é a personagem que está falando no segundo texto?

____

c) Você se lembra de algum brinquedo de que gostava muito, mas para o qual agora já não dá tanta importância?

____

____

2 Nos textos estão destacadas várias palavras que expressam ideia de tempo. Encontre-as no diagrama de letras a seguir.

A	W	Q	T	E	R	U	I	O	P	A	S	K	S	D	F	G	H
S	E	M	A	L	K	A	N	T	I	G	A	M	E	N	T	E	J
D	R	Z	I	S	O	G	N	B	V	C	T	H	M	Z	A	S	D
T	Z	N	U	C	I	O	Z	P	A	X	R	T	P	J	H	G	F
Y	E	V	A	Q	T	R	Y	O	G	J	Á	G	R	A	K	L	P
U	A	N	U	N	C	A	C	N	M	L	S	P	E	I	U	I	O

3 Transcreva abaixo as palavras encontradas no diagrama de letras. Escreva apenas uma letra em cada quadrinho. Em seguida, indique quantas letras há em cada palavra.

A	N	T	I	G	A	M	E	N	T	E	11 letras

O que estudamos

Nesta unidade:

- Aprendemos que mudamos com o passar do tempo e que devemos cuidar de nós mesmos.
- Entendemos que devemos prevenir acidentes e ter hábitos saudáveis para cuidar da nossa saúde.
- Estudamos que estruturas do nosso corpo se relacionam à percepção do mundo por meio dos sentidos.

Observe as imagens a seguir e relembre o que estudou. Depois, converse com os colegas e com o professor sobre o que você aprendeu nesta unidade que antes não sabia.

Você...

Registre suas ideias no caderno.

LightField Studios/Shutterstock

... estudou os dentes e compreendeu a importância de mantê-los sempre limpos.

Fernando Favoretto/Criar Imagem

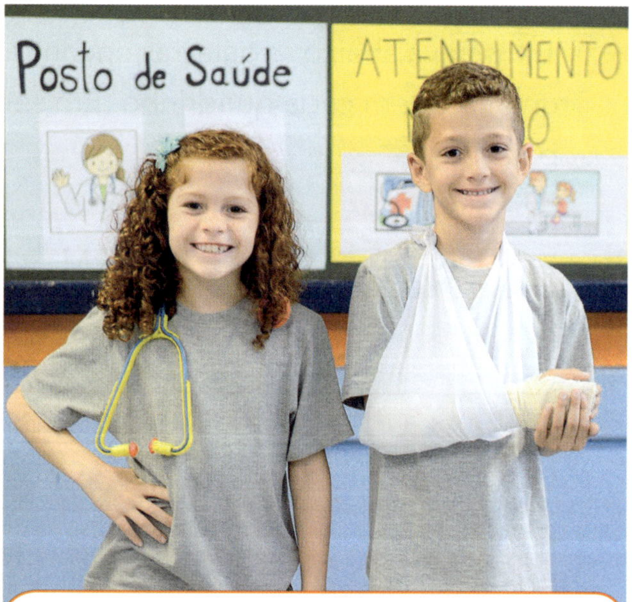

... refletiu que está ficando mais velho e, portanto, já é mais responsável por desenvolver hábitos que promovem a saúde.

Kamila Alina Gurfinkel/Shutterstock

... explorou os sentidos do corpo humano.

Fernando Favoretto/Criar Imagem

... aprendeu a cuidar dos machucados.

... entendeu que a vacinação é uma maneira de prevenir algumas doenças.

Blend Images/LWA/Dann Tardif/DigitalVision/Getty Images

... compreendeu diversos cuidados que devemos ter com o corpo.

Para refletir e conversar

Folheie as páginas anteriores e reflita sobre valores, atitudes e o que você sentiu e aprendeu nesta unidade.

- De agora em diante, como você vai cuidar dos seus dentes?
- E o que você pretende fazer, no seu dia a dia, para evitar se machucar?
- O que você já pode fazer para cuidar de sua saúde sem que seus pais tenham de ficar lembrando você a todo momento?

Unidade

3 Sol, céu e nuvens

Bruna Saddy

- Nesta cena, o que é visível no céu?
- Qual é o provável período que essa cena retrata: manhã, tarde ou noite?
- Como são o formato e a posição das sombras que aparecem na cena?

Capítulo

5 Observar o céu

Mordolff/Getty Images

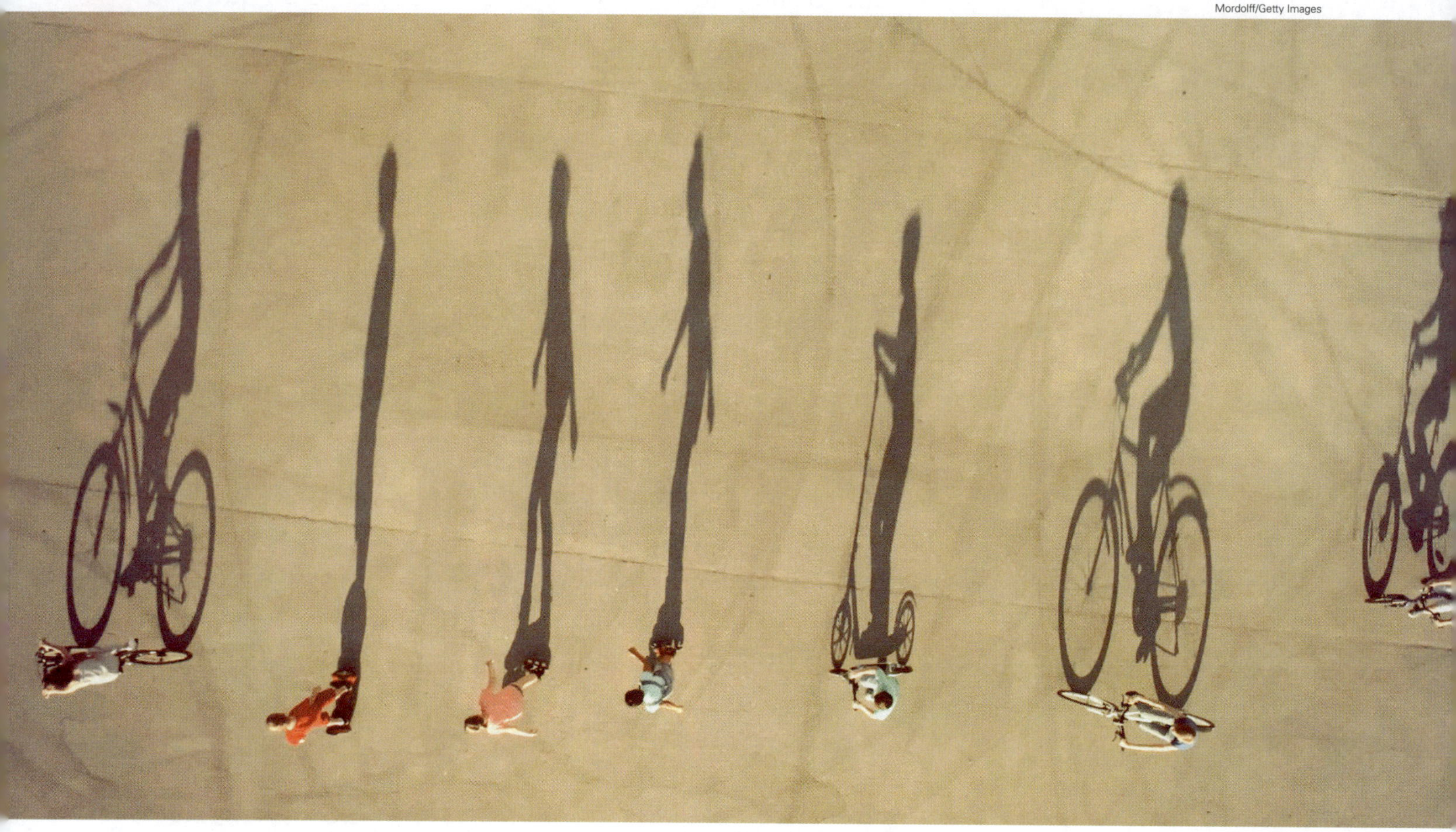

Em que período do dia foi feita essa fotografia?

Para iniciar

Neste capítulo vamos observar o céu, analisar sombras e também vamos explorar os tipos de nuvens.

- Você já reparou no formato das nuvens? Como elas são?
- É possível que um corpo fique parado, imóvel, mas que sua sombra mude de posição?
- Como podemos ter uma ideia de que horas são, mesmo sem ter nenhum relógio por perto?

Atividade prática

Em que direção é projetada a sombra de um guarda-sol?

Material

- Folhas de papel sulfite
- Lanterna
- Lápis
- Massa de modelar

Como fazer

1. Com um pedaço de massa de modelar, fixe o lápis sobre o centro de uma folha de papel sulfite.

Fotos: Dotta2/Arquivo da editora

2. Em outra folha de papel, recorte um círculo pequeno. Ele será a cobertura do guarda-sol.

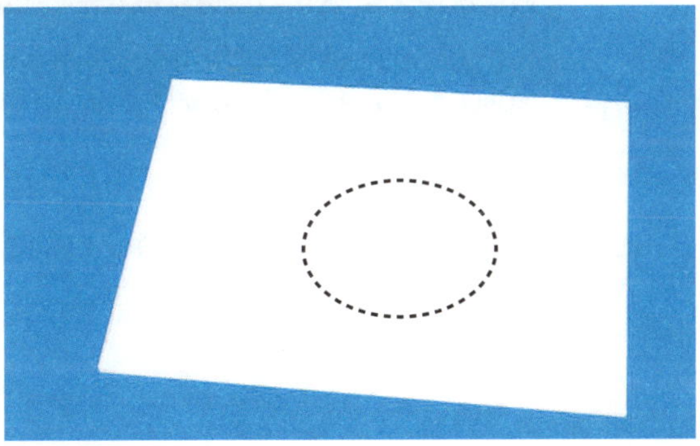

3. Faça um pequeno furo no centro da cobertura, encaixando-a na ponta do lápis.

4. Ilumine seu modelo de guarda-sol com a lanterna e observe a sombra formada. Troque ideias com os colegas: Vocês acham que a sombra do guarda-sol aparecerá no papel no mesmo lado da lanterna ou no lado oposto a ela?

Foto: Dotta2/Arquivo da editora
Brinquedo: Martin Allinger/Hemera/Getty Images

Atenção
Cuidado ao fazer o furo no papel. Caso não se sinta seguro em fazê-lo, peça ajuda a um adulto.

Para brincar, pinte seu guarda-sol e acrescente alguns personagens embaixo dele!

Relógio de sol

Vamos conhecer o relógio de sol e aprender como ele funciona.

Você já reparou que, no início da manhã, o Sol está em uma posição no céu e que, no fim da tarde, ele já está em outra posição? É por causa disso que as sombras produzidas pela luz do Sol mudam de forma e de posição com o passar das horas.

Entenda isso em detalhes:

- A luz do Sol ilumina os corpos.
- Em um corpo opaco, como uma árvore, forma-se uma sombra no lado oposto ao iluminado.
- À medida que a posição do Sol muda no céu, a posição e o formato da sombra também mudam.

Foi com base nesses conhecimentos que o relógio de sol foi inventado na Antiguidade.

Fabio Colombini/Acervo do fotógrafo

Relógio de sol feito em 1781, em João Pessoa, Paraíba. Fotografia de 2014.

Trata-se de um instrumento simples: ele tem uma haste colocada sobre um mostrador de horas. Conforme o Sol ocupa diferentes posições no céu, a sombra da haste muda de posição, indicando que horas são.

Demétrius Abrahão/Fotoarena

Relógio de sol em Brasília, Distrito Federal, fotografado no período da manhã.

Demétrius Abrahão/Fotoarena

O mesmo relógio de sol da fotografia ao lado, no período da tarde.

1 As sombras podem nos surpreender! Foi isso o que aconteceu na história em quadrinhos a seguir. Leia com atenção e, depois, responda às questões.

Atenção
Evite ficar exposto aos raios solares das 10 às 15 horas. Use protetor solar sempre que sair ao sol.

Jorge Zaiba/Arquivo da editora

a) Você já viu uma sombra mudar de posição sem ninguém ter mexido em nada?

b) O que deve ter acontecido para que, com o passar do tempo, aparecesse uma sombra sobre a canga?

2 Analise as imagens da sombra de uma árvore observada pelas crianças em diferentes horários do dia, nesta página e na próxima. Depois, troque ideias com os colegas e faça o que se pede.

Elementos representados em tamanhos não proporcionais entre si.

Ilustrações: Hagaquezart Estúdio/ Arquivo da editora

a) Represente as sombras que não foram desenhadas: a das 7 h 30 e a das 13 h 30. Atenção ao provável tamanho e à posição delas!

b) No caderno, esclareça as dúvidas das crianças.

Elementos representados em tamanhos não proporcionais entre si.

Ilustrações: Hagaquezart Estúdio/Arquivo da editora

Hagaquezart Estúdio/Arquivo da editora

No caderno, faça um desenho parecido com as ilustrações, indicando a provável posição da sombra da árvore às 12 h.

Nuvens no céu

Vamos estudar o aspecto das nuvens no céu.

Você já parou para observar o céu?

As nuvens, por exemplo, estão constantemente mudando de posição e formato.

Mas, se você ficar bem atento, poderá reconhecer alguns "padrões". Observe, por exemplo, que existem três tipos básicos de nuvem:

- As nuvens do tipo **cúmulo** se parecem com flocos de algodão.
- As nuvens do tipo **cirro** se parecem com fios de cabelo ou fiapos.
- As nuvens do tipo **estrato** se parecem com camadas de espuma.

1 Nas imagens desta página e da página seguinte, identifique cada tipo de nuvem representado. Use as opções do banco de palavras abaixo para descrevê-las.

Parecem flocos de algodão.

Parecem camadas de espuma.

Parecem fios de cabelo ou fiapos.

____

____

____

____

Pakhnyushchy/Shutterstock

____

____

____

____

Greg Conlon/Moment/Getty Images

Siro46/Shutterstock

Greg Conlon/Moment/Getty Images

paul prescott/Shutterstock

TasfotoNL/Shutterstock

2 Leia a história em quadrinhos.

Fonte: SCHULZ, Charles M. **Peanuts completo**: 1959 a 1960. Tradução: Alexandre Boide. 2. ed. Porto Alegre: L&PM, 2014. p. 254. Colorizada.

- No espaço abaixo, faça um desenho de como você imagina que era o aspecto das nuvens que as crianças da história em quadrinhos observavam.

3 Observe os desenhos que duas crianças fizeram. Embaixo de cada desenho escreva uma legenda explicando o que foi representado no céu.

Mouses Sagiorato/Arquivo da editora

A

____

____

____

____

B

Mouses Sagiorato/Arquivo da editora

____

____

____

____

4 Agora, com a ajuda do professor, leia as legendas abaixo. Depois, faça um desenho para cada uma delas.

No céu havia nuvens que se pareciam com camadas de espuma. Eram nuvens do tipo estrato.

Havia algumas nuvens do tipo cúmulo no céu, que se pareciam com flocos de algodão.

Vamos ver de novo?

Neste capítulo você aprendeu que:

- No céu podemos ver, entre outros elementos, o Sol e as nuvens.
- Durante o dia, o Sol pode ser visto em diferentes posições no céu.
- Observando a posição e o formato das sombras, podemos ter uma ideia da posição do Sol no céu e de que horas são.
- Existem três tipos básicos de nuvens: cúmulo, cirro e estrato.

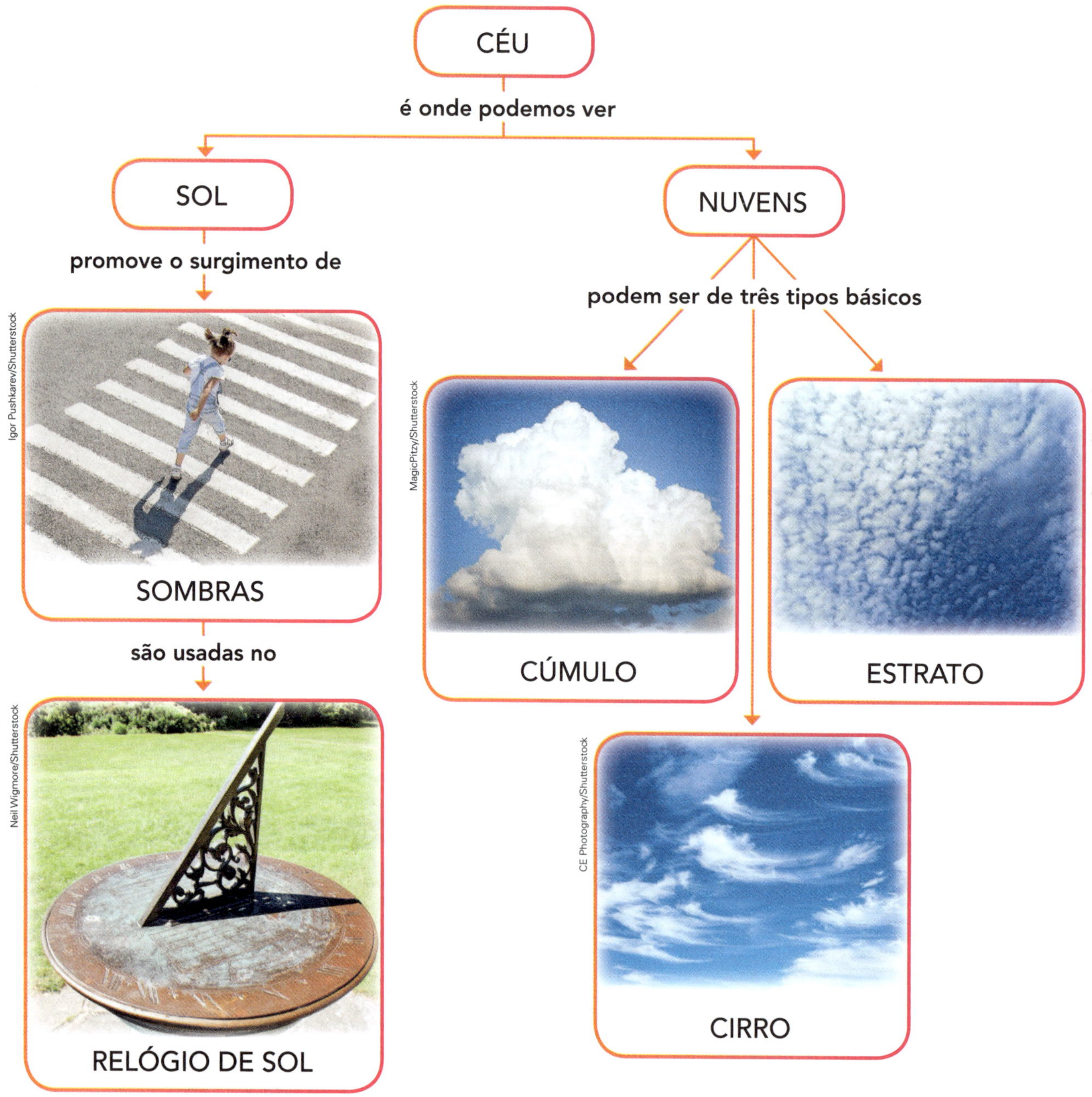

1 Encontre, no diagrama, o nome dos três tipos de nuvem que estudamos neste capítulo.

F	T	Z	M	J	U	L	U	G	D	R	B	U	M	A	Z	Y	F	G	H
S	Y	A	Q	A	Z	B	O	X	O	S	D	H	B	V	C	J	V	J	I
A	O	A	L	E	N	I	I	R	O	U	V	U	K	D	R	O	P	T	N
B	I	U	O	N	H	E	R	O	Y	N	B	X	O	C	S	H	P	L	C
U	O	X	O	S	D	H	B	T	Y	N	V	F	K	Ú	K	N	O	E	N
D	N	E	S	T	R	A	T	O	E	B	B	O	X	M	S	D	H	B	U
J	P	K	A	N	L	O	C	Y	N	B	X	O	T	U	D	U	O	E	S
D	N	U	S	T	R	P	T	O	E	R	B	Z	X	L	S	D	H	B	U
R	O	A	L	E	C	I	R	R	O	H	V	U	K	O	R	O	P	E	N
F	T	E	M	J	U	P	U	G	D	R	B	U	M	C	Z	Y	F	G	H
T	P	A	F	E	N	I	I	R	O	H	V	U	K	M	R	O	P	E	N
B	I	U	O	N	O	E	R	O	Y	N	T	X	O	C	S	H	P	L	C
U	Y	A	Q	A	Z	B	O	X	O	S	D	H	B	V	C	J	V	J	I

2 Analise as imagens e troque ideias com os colegas. Associe cada imagem com o horário mais provável que ela representa.

Ilustrações: Hagaquezart Estúdio/Arquivo da editora

☐ 10 h 30 ☐ 12 h ☐ 17 h

Capítulo 6

Como estará o tempo?

Daniel Cymbalista/Fotoarena

Será que vai chover?

Para iniciar

Neste capítulo vamos estudar as condições do tempo. Também vamos ler uma entrevista com um meteorologista e analisar boletins meteorológicos.

- Como podemos saber se vai chover ou não?
- Você costuma prestar atenção nos boletins meteorológicos da internet, do rádio, da TV ou dos jornais? Você sabe o que eles nos informam?
- O que você sabe sobre o trabalho dos meteorologistas?

Atividade prática

Vamos brincar de previsão do tempo na TV?

Como fazer

1. Em grupo, recortem imagens de jornal ou façam desenhos bem grandes que mostrem como estará o céu e o tempo durante o dia e durante a noite.

20101204 / Marcelo Min / Fotogarrafa / Colégio Imperatriz Leopoldina

Giz de Cera/Arquivo da editora

2. Criem o texto que informa como está o tempo e o que está previsto. Escrevam esse texto com letras bem grandes.

3. Montem o cenário da gravação: o apresentador se posiciona; alguns alunos seguram o texto na frente do apresentador para que ele leia; outros seguram os desenhos que o apresentador mostrará.

Giz de Cera/Arquivo da editora

20101204 / Marcelo Min / Fotogarrafa / Colégio Imperatriz Leopoldina

4. É hora da apresentação! O apresentador lê o texto da previsão do tempo que os colegas estão segurando. Enquanto fala, os desenhos vão sendo mostrados.

O tempo anunciado

Vamos analisar o que os boletins meteorológicos informam.

Você sabe quais são as condições do tempo?

Quando falamos sobre o tempo, costumamos usar expressões como: "faz calor", "está abafado", "faz frio".

Mas os boletins meteorológicos informam a condição do tempo de forma mais precisa: qual é a temperatura em dado momento, qual é a quantidade de chuva que cai, etc.

Bruna Saddy

Os boletins meteorológicos também podem informar a previsão do tempo, ou seja, como ficará o tempo no futuro. Por exemplo, é muito comum, no final do dia, os boletins meteorológicos informarem quais são as temperaturas máxima e mínima previstas para o dia seguinte. Isso nos ajuda, por exemplo, a escolher com que roupa sair de casa.

1 Com a ajuda do professor, leia esta tirinha.

Fonte: Banco de Imagens MSP.

- Troque ideias com os colegas e responda: O que é representado no primeiro quadrinho, que indica que o tempo está frio? No segundo quadrinho, o que indica que está calor?

2 Desenhe o que você estava fazendo ontem, em dois momentos diferentes. Represente como estava o tempo e indique em cada relógio o horário do dia em que ocorreu a cena que você desenhou.

Banco de imagens/Arquivo da editora

3 Em uma folha avulsa, faça um desenho para ilustrar as seguintes condições de tempo: frio, céu encoberto e brisa suave.

4 Nesta página e na seguinte, acompanhe os boletins meteorológicos anunciados durante o dia de Juliana.

Ilustrações: Giz de Cera/Arquivo da editora

- Complete o quadro com as informações sobre o tempo do dia de Juliana.

Horário	Como estava o tempo	Temperatura
6 da manhã	Frio e ensolarado	17 graus
Meio-dia		
4 da tarde		
6 da tarde		
9 da noite		

Meteorologia

Vamos conhecer o que fazem os meteorologistas e refletir sobre a importância da previsão do tempo.

Você sabe quem são os profissionais que fazem os boletins meteorológicos?

Para conhecê-los, que tal conversar com um **meteorologista**? Veja o que ele tem a nos dizer.

Com a palavra...

Acervo do autor/Arquivo da editora

... o meteorologista Marcelo Schneider, do Instituto Nacional de Meteorologia (Inmet).

O que fazem os meteorologistas?

Nós ficamos atentos às nuvens e aos ventos, medimos a temperatura, a pressão atmosférica e a umidade do ar, interpretamos esses dados e fazemos as previsões.

O meteorologista também estuda e desenvolve modelos de como diferentes fatores (como temperatura, pressão, umidade) interferem no tempo e no clima.

Qual é a importância da previsão do tempo para as pessoas no dia a dia?

Por meio das previsões do tempo, você pode saber se há chance de chover ou não, se vai esfriar ou esquentar. Dessa maneira, você pode programar, por exemplo, se vai ou não viajar, que roupa vai usar, etc.

E qual é a importância da previsão do tempo para diferentes profissionais?

Os pilotos de avião, por exemplo, consultam a meteorologia para saber se vai haver turbulência, nevoeiro ou granizo durante o voo e nas operações de decolagem e aterrissagem.

O agricultor pode saber, por meio da meteorologia, se haverá água suficiente ou se terá de irrigar mais a plantação; e também se há previsão de geada, para então se prevenir e evitar maiores prejuízos na lavoura.

Até mesmo os agentes da defesa civil são avisados pelos meteorologistas se há previsão de frio muito intenso. Assim, podem oferecer abrigo a pessoas em situação de rua.

Ilustrações: Mouses Sagiorato/Arquivo da editora

1 Indique uma parte da entrevista que chamou a sua atenção. Explique por que você selecionou esse trecho da entrevista.

2 Vamos falar sobre a previsão do tempo de uma forma bem-humorada? Leia esta tirinha com a ajuda do professor e dê um título para ela.

Fonte: FOXTROT. Tradução e coloração: Universal Uclick. Disponível em: <www.gocomics.com/foxtrot/2000/03/06>. Acesso em: nov. 2019.

3 Os professores trabalham dando aulas para os alunos. Os médicos avaliam a saúde dos pacientes. E os meteorologistas? Explique com o que esses profissionais trabalham no dia a dia.

4 Com a ajuda do professor, leia, nesta página e na próxima, os boletins meteorológicos como os anunciados na TV.

- Sublinhe nos textos as palavras que se relacionam com as condições do tempo.

David Santos Jr/Fotoarena

5 A apresentadora está falando sobre o tempo em alguns locais do Brasil. Associe os textos acima a esses locais, de acordo com as indicações no mapa da página ao lado. Para isso, escreva as letras nos espaços indicados.

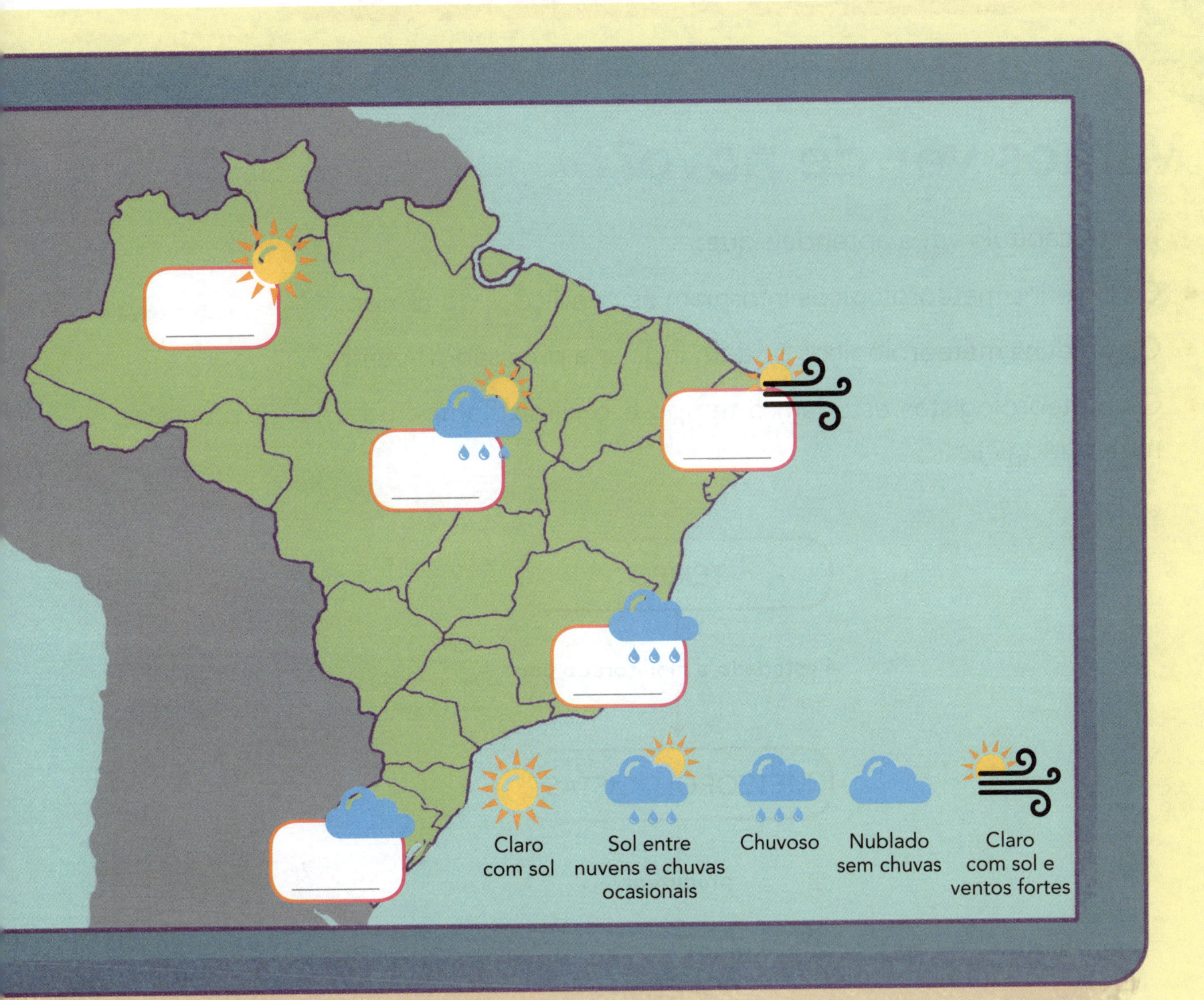

Giz de Cera/Arquivo da editora

6 Faça de conta que você é o profissional que vai falar sobre o tempo da cidade onde você mora. Invente uma previsão para o fim de semana e escreva-a no balão de fala abaixo.

Vamos ver de novo?

Neste capítulo você aprendeu que:

- Os boletins meteorológicos informam as condições do tempo.
- Os boletins meteorológicos podem indicar a previsão do tempo.
- Os meteorologistas estudam o tempo e o clima. Também fazem as previsões meteorológicas.

TEMPO

é estudado e monitorado por

METEOROLOGISTAS

produzem

BOLETIM METEOROLÓGICO

informa se fará

informa dados de

Sumroeng chinnapan/Shutterstock

SOL

Perfect strangers/Shutterstock

CHUVA

M.Stasy/Shutterstock

TEMPERATURA

1 Releia com atenção os boletins meteorológicos no dia de Juliana nas páginas 92 e 93 e responda às perguntas destas crianças.

Léo Fanelli/Arquivo da editora

a) ______________________________

____

____

Léo Fanelli/Arquivo da editora

b) ______________________________

____

____

Léo Fanelli/Arquivo da editora

c) ______________________________

____

____

____

2 Leia a história em quadrinhos e responda às questões.

a) Você acha que o goleiro teve uma boa ideia?

b) Que sugestão você daria aos outros jogadores? Na sua resposta, procure usar a palavra **meteorologista**.

Hagaquezart Estúdio/Arquivo da editora

3 No caderno, escreva um texto explicando o que são e para que servem os boletins meteorológicos.

Tecendo saberes

1 Leia o texto dos quadros e descubra como é o dia de Caroline, uma garota que vive em Estrasburgo, na França. Em seguida, complete as lacunas do texto com o horário em que acontece cada atividade ilustrada.

Ilustrações: Hagaquezart Estúdio/Arquivo da editora

2 Identifique algumas palavras nos textos da atividade anterior e transcreva-as no quadro abaixo:

	Exemplos de palavras
Palavras que podem ser relacionadas com a noite	
Palavras que podem ser relacionadas com o dia	
Palavras que podem estar relacionadas ao céu	

3 Observe o mapa ao lado. Ele mostra os continentes do mundo. O ponto verde indica onde está localizado o Brasil. O ponto vermelho indica a localização da França, país onde Caroline mora. Agora, no caderno, responda às questões abaixo.

Continentes do mundo

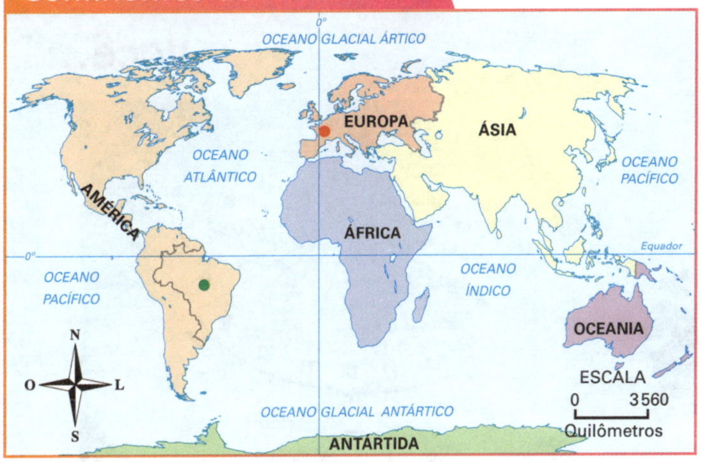

Júlio Dian/Arquivo da editora

Adaptado de: **Atlas geográfico escolar**. Rio de Janeiro: IBGE, 2012.

a) Quais são os continentes que existem no mundo?

b) Em que continente Caroline mora?

4 Observe o boneco de neve de Caroline e seus amigos no quadrinho abaixo. Pinte de **azul** as partes esféricas dele e de **laranja** as suas partes cônicas.

Hagaquezart Estúdio/Arquivo da editora

O que estudamos

Nesta unidade:

- Observamos o céu e as nuvens.
- Estudamos como funcionam os relógios de sol.
- Analisamos boletins meteorológicos e conhecemos a profissão de meteorologista.

Observe as imagens a seguir e relembre o que você estudou. Depois, converse com os colegas e com o professor sobre o que você aprendeu nesta unidade que antes não sabia.

Registre suas ideias no caderno.

Você...

Demétrius Abrahão/Fotoarena

... conheceu relógios de sol e aprendeu como funcionam.

Greg Conlon/Moment/Getty Images

... estudou o aspecto das nuvens no céu.

Ilustrações: Hagaquezart Estúdio/Arquivo da editora

... descreveu a posição do Sol e das sombras em diferentes horários do dia.

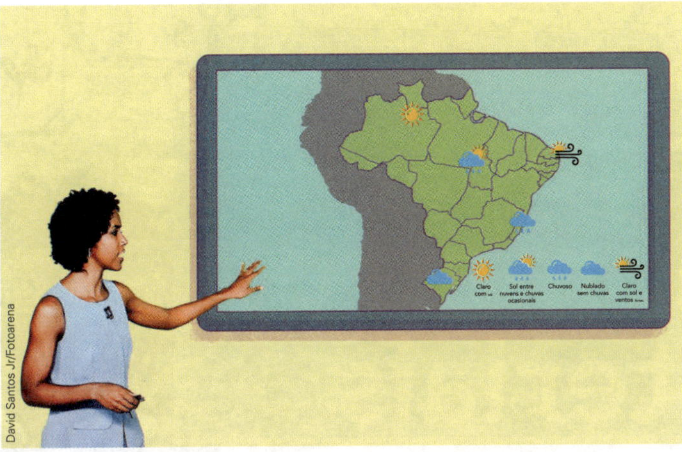

Giz de Cera/Arquivo da editora
David Santos Jr/Fotoarena

... analisou o que os boletins meteorológicos informam.

Acervo do autor/Arquivo da editora

... descobriu o que fazem os meteorologistas.

Hagaquezart Estúdio/Arquivo da editora

... refletiu sobre a importância da previsão do tempo.

Para refletir e conversar

Folheie as páginas anteriores e reflita sobre valores, atitudes e o que você sentiu e aprendeu nesta unidade.

- Você já parou para contemplar as nuvens no céu, o amanhecer e o entardecer? O que você sentiu ao fazer isso?
- Depois do que estudou sobre os relógios de sol, você se entusiasmou para construir um e usá-lo no dia a dia?
- Você já pensou em ser meteorologista quando crescer? Qual é a sua opinião sobre essa profissão?

Unidade

4 Invenções, termômetros e materiais

- O que estas crianças estão fazendo e sentindo? Converse com os colegas.
- De que materiais são feitos alguns dos objetos representados na cena?
- Onde há água na ilustração?

Capítulo 7

Invenções: quente e frio

Fernando Favoretto/Criar Imagem

Qual é a temperatura dentro de um copo cheio de gelo?

Para iniciar

Neste capítulo vamos estudar instrumentos de medida, como os termômetros. Também vamos estudar as misturas e as transformações pelas quais a água passa quando está em diferentes temperaturas.

- Você já usou um termômetro? Em caso afirmativo, em qual situação?
- Você já viu água que não é líquida? Em caso afirmativo, em qual situação?
- Explique: Como é que se faz gelo?

Atividade prática

Vamos esfriar o suco de uma fruta o máximo que conseguirmos! O que será que vai acontecer?

Material

- Colheres descartáveis ou palitos
- Copos descartáveis
- Frutas

Como fazer

1. Com um adulto, faça o suco de uma fruta de que você gosta.

2. Coloque o suco em copinhos plásticos pequenos. Em cada copinho, coloque também uma colher descartável ou um palito.

3. Leve tudo ao congelador e deixe por algumas horas.

Fotos: Fernando Favoretto/Criar Imagem

4. Retire os copinhos do congelador e solte os "blocos gelados". Agora, é só saborear o seu picolé de frutas!

Termômetro: um instrumento de medida

Vamos conhecer termômetros e tomar medidas de temperatura.

Que instrumentos de medida você conhece?

Alguns exemplos são: fitas métricas, réguas, relógios e balanças.

Os termômetros também são instrumentos de medida. Eles são usados para saber a temperatura de um corpo, de um alimento, de um local, etc.

Veja nas imagens ao lado alguns exemplos de termômetro.

Para usar um termômetro com coluna de líquido é necessário observar a posição do líquido em relação à escala graduada.

Elementos representados em tamanhos não proporcionais entre si.

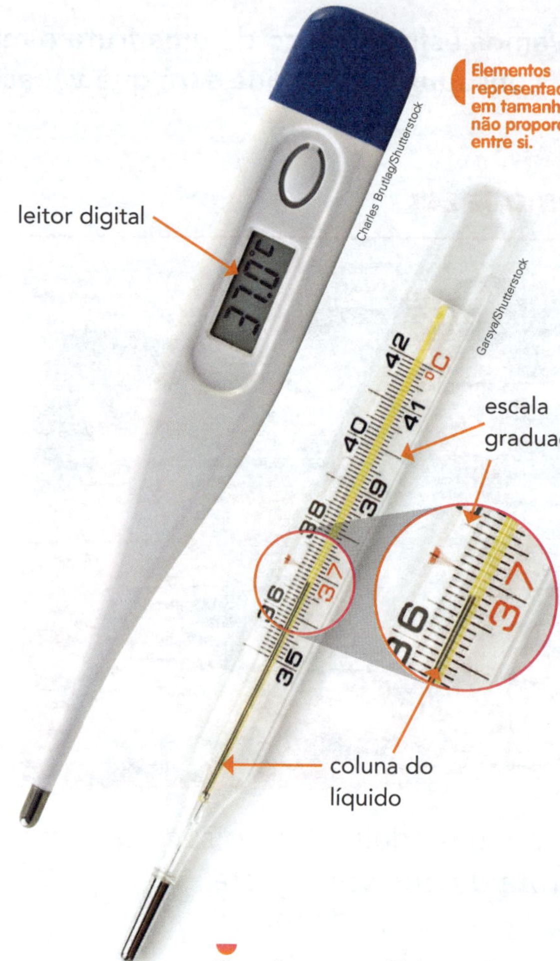

Charles Brutlag/Shutterstock
Garsya/Shutterstock

Termômetros clínicos são usados para medir a temperatura do corpo. Eles podem ser digitais ou conter líquidos em seu interior.

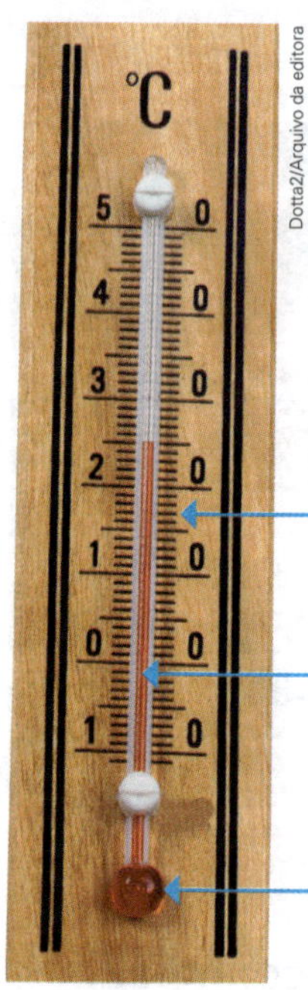

Dotta2/Arquivo da editora

Para medir a temperatura do ambiente, podemos usar um termômetro que contenha álcool colorido na sua coluna.

Que temperatura indica cada termômetro mostrado nesta página?

Atenção
Peça a ajuda de um adulto para manusear um termômetro clínico.

Que tal usar termômetros para medir e comparar a temperatura do que está a sua volta? Compare, por exemplo, a temperatura de superfícies expostas à luz do Sol. Será que a temperatura da areia no parquinho é diferente da temperatura do piso de concreto logo ao lado? Será que a temperatura de uma superfície escura é igual a de uma superfície clara, que reflete bastante luz?

1 Troque ideias com os colegas e responda: O que são instrumentos de medida? Em seguida, termine de preencher o esquema.

INSTRUMENTOS DE MEDIDA

exemplos

______________ ______________

______________ ______________

2 O cartaz a seguir explica como usar o termômetro clínico. Complete as lacunas com os termos do banco de palavras.

Atenção
Peça a ajuda de um adulto para manusear um termômetro clínico.

reservatório	termômetro clínico	escala graduada

Como medir sua temperatura

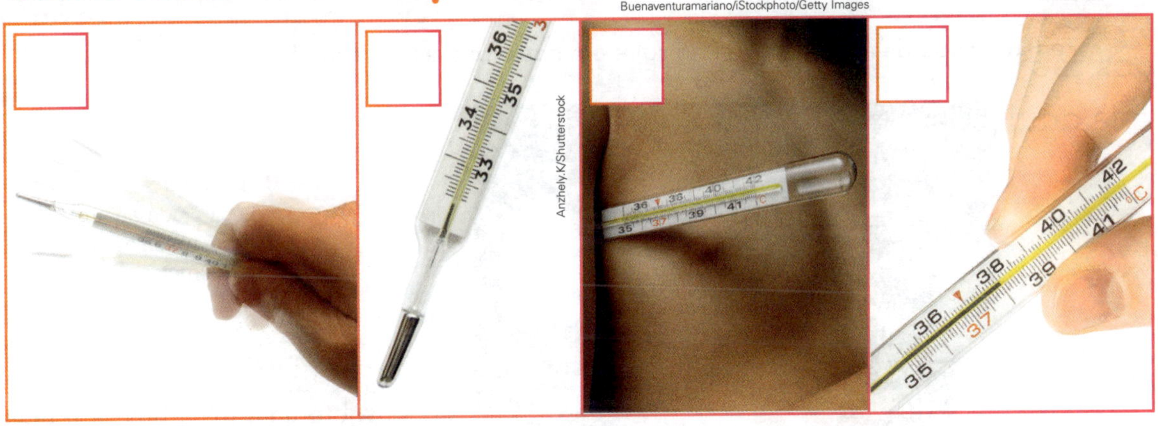

Fernando Favoretto/Arquivo da editora; Anzhely.K/Shutterstock; Buenaventuramariano/iStockphoto/Getty Images; EvgenySHCH/Shutterstock

1. Antes de usar o ______________________ devemos segurá-lo pela extremidade oposta à do reservatório e agitá-lo com cuidado.
2. A coluna de líquido deverá diminuir e ficar próxima do reservatório.
3. O termômetro é colocado na axila com o ______________________ voltado para dentro; o braço da pessoa deve envolvê-lo. Aguarde cerca de 4 minutos.
4. Verifique o ponto que o líquido atingiu em relação à ______________________ ______________________.

3 Indique a temperatura marcada na fotografia do último termômetro da página anterior: ________.

4 Com o professor e os colegas, meça a temperatura de diferentes substâncias, materiais e locais.

- O professor vai apresentar a vocês um termômetro a álcool.
- Deixem o termômetro por 5 minutos em diversos locais, como:

Fotos: Dotta2/Arquivo da editora

... em um copo de água que está ao sol e em outro que está na sombra.

... sobre uma folha branca e uma preta que estão ao sol.

Atenção
Peça ajuda ao professor para manusear o termômetro a álcool.

... em um local bastante ensolarado e em uma parte sombreada desse mesmo local, como a areia de um parquinho ou como um canteiro com plantas.

5 Registrem abaixo o que vocês fizeram, completando os textos e marcando na tabela as temperaturas obtidas em cada uma das situações.

Banco de imagens/Arquivo da editora

Relatório sobre a temperatura de diferentes substâncias, materiais e locais

O que fizemos: Junto com o professor, nós

O que observamos: Verificamos que

No quadro abaixo, apresentamos os valores de temperatura obtidos.

Local	Temperatura
Copo de água ao sol	
Copo de água na sombra	
Superfície branca (área ensolarada)	
Superfície preta (área ensolarada)	
Areia do parquinho (área ensolarada)	
Areia do parquinho (área na sombra)	

Água que não é líquida

Vamos explorar algumas transformações pelas quais a água pode passar.

Você já viu água que não é líquida? E uma estátua feita de água, você já viu?

Pois a água não se encontra somente no estado líquido. Você mesmo já deve ter visto e conhece muito bem a água no estado sólido. É o gelo!

Para fazer gelo, precisamos colocar água no congelador. Depois de um tempo, a água muda do estado líquido para o estado sólido.

Quando a água está no estado sólido, podemos esculpi-la e fazer estátuas. É isso mesmo: estátuas de água, como a mostrada abaixo.

A água é, portanto, uma substância que não existe somente no estado líquido. Ela pode se apresentar em diferentes estados físicos: sólido, líquido ou gasoso.

A água também é um dos componentes de diferentes misturas presentes no nosso dia a dia. Na cozinha costumamos fazer muitas misturas. Em muitas delas misturamos água líquida com outros componentes que podem estar em diferentes estados físicos.

Mikhail Olykainen/Shutterstock

O gelo nada mais é do que água no estado sólido.

Zuma Press/Easypix Brasil

Dinendra Haria/Alamy/Fotoarena

Em países muito frios é possível expor estátuas de gelo por dias sem que elas derretam. A da fotografia foi feita na cidade de Londres, no Reino Unido, em 2017.

Sugestão de...
Livro
Meu planeta rima com água.
César Obeid. São Paulo: Moderna, 2016.

1 Para resumir o texto da página anterior, complete os esquemas a seguir com os termos do banco de palavras.

sólido	misturas	estados físicos	
substância	gasoso	água	líquido

GELO → é → ______________

GELO → é feito de → ______________

ÁGUA → é uma → ______________

ÁGUA → pode estar em diferentes → ______________

ESTADOS FÍSICOS → podem ser → SÓLIDO; ______________; ______________

ÁGUA → pode fazer parte de diferentes → ______________

2 Observe as fotografias de crianças fazendo diferentes misturas. Indique abaixo de cada fotografia se os componentes são sólidos, líquidos ou gasosos.

Com um adulto, faça diferentes misturas na cozinha de sua casa. Depois, conte para os colegas as misturas que você fez.

Dotta2/Arquivo da editora

Suco e água.

Dotta2/Arquivo da editora

Suco em pó e água.

Dotta2/Arquivo da editora

Água gaseificada.

Fernando Favoretto/Arquivo da editora

Farinha e açúcar.

3 Ajude as crianças a terminar o relatório registrando como fizeram gelo e sintetizando o que aprenderam.

Banco de imagens/Arquivo da editora

Relatório de como fizemos gelo

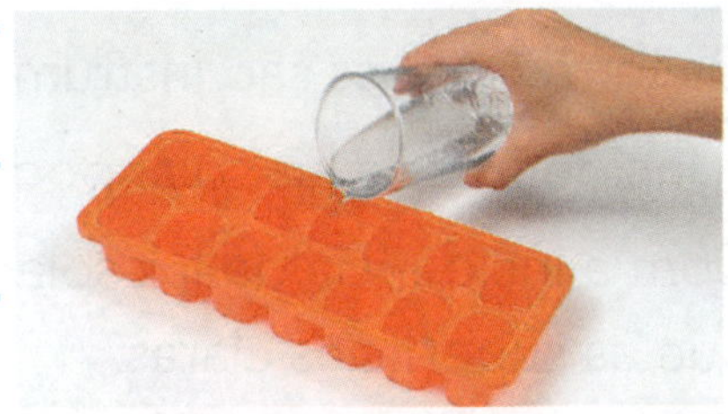

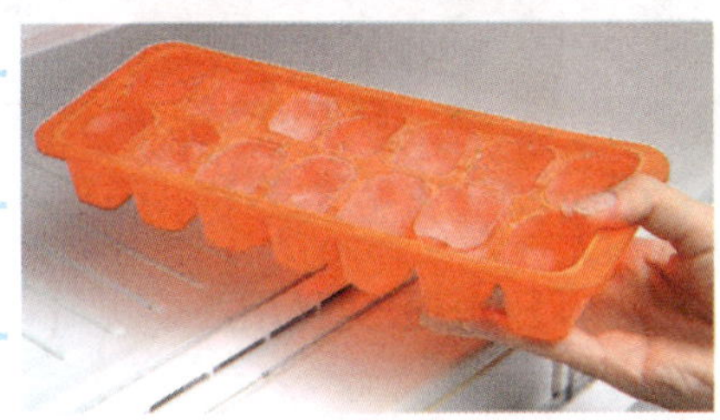

Fotos: Fernando Favoretto/Criar Imagem

O que fizemos: Primeiro, nós ______________________________.

Depois, ______________________________.

Por último, nós ______________________________.

O que aprendemos:

Depois de ter feito o gelo, e de tudo o que estudamos, eu aprendi ______________________________.

Compartilhe o seu relatório com os colegas.

4 Converse com os colegas e explique o que a criança do desenho quis dizer com: "Vou pôr água em estado sólido no suco.".

Léo Fanelli/Arquivo da editora

Vamos ver de novo?

Neste capítulo você aprendeu que:

- Os termômetros são instrumentos usados para medir a temperatura.
- A incidência da luz solar pode provocar aquecimento.
- Com a incidência da luz solar, superfícies escuras tendem a se aquecer mais do que as superfícies claras.
- A água pode ser encontrada em diferentes misturas.
- A água pode ser encontrada em diferentes estados físicos.

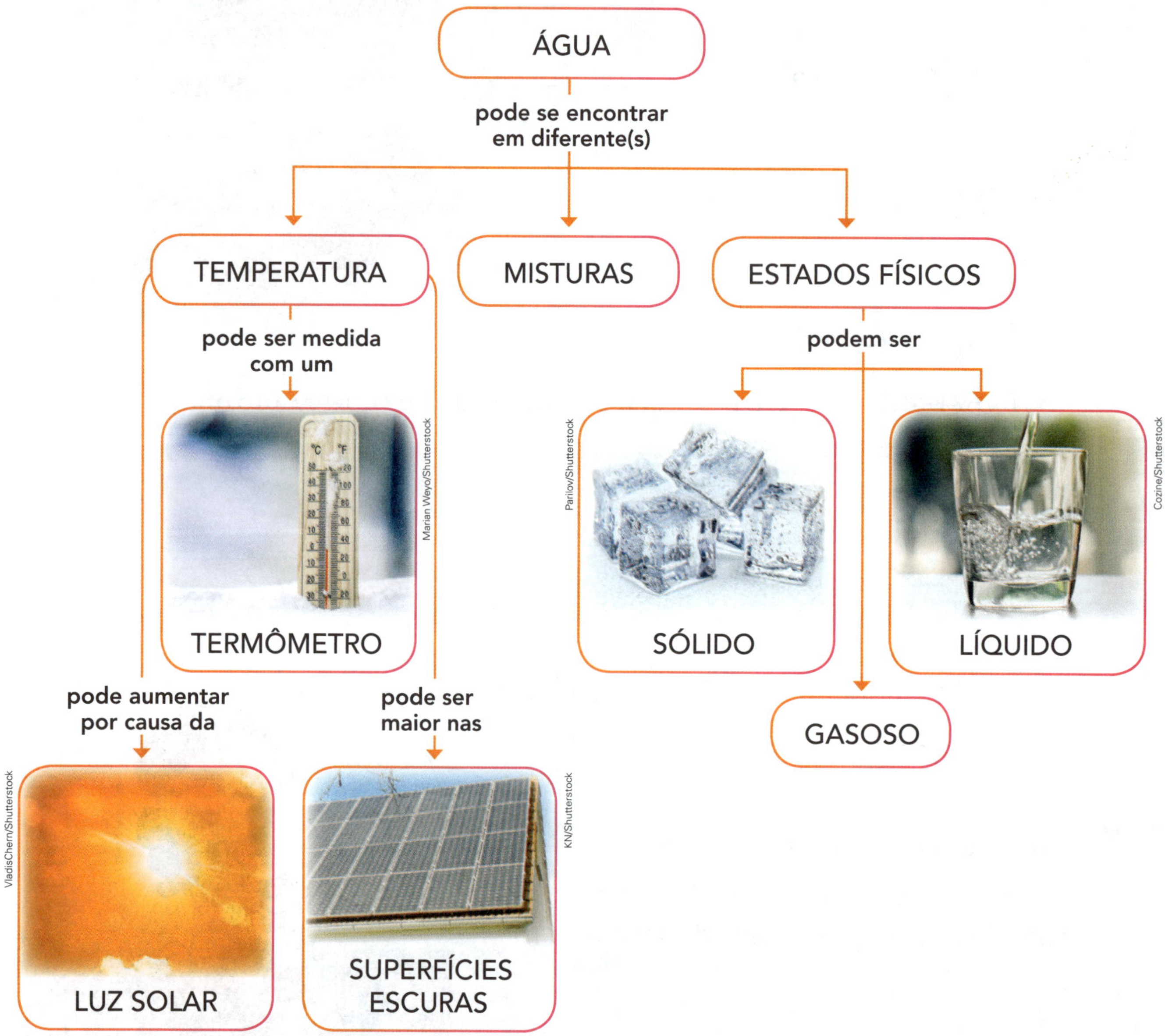

1 Circule as frases que você considera que estejam erradas e reescreva-as corretamente no caderno.

2 Observe as misturas abaixo. Escreva o nome dos componentes de cada uma dessas misturas e indique se o componente é sólido, líquido ou gasoso.

Fotos: Fernando Favoretto/Criar Imagem

Mistura A: ______________________________

Mistura B: ______________________________

Mistura C: ______________________________

3 Analise as imagens e responda: Em que estado a água aparece em cada imagem?

ApisitBurawannint/Shutterstock

Fernando Favoretto/Criar Imagem

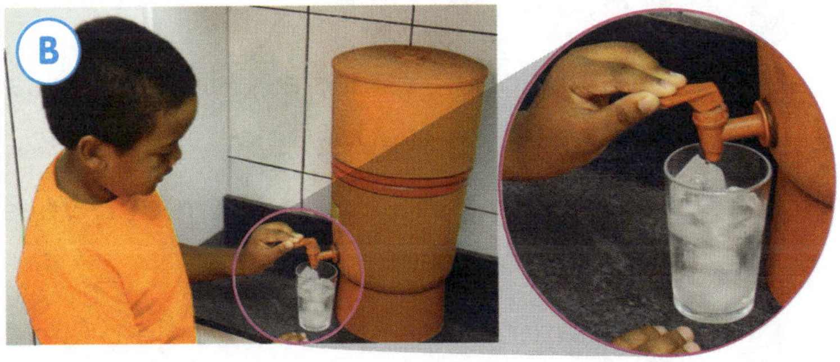

____

____

Capítulo 8

Invenções: objetos e materiais

Gorlov-KV/Shutterstock

Do que são feitas essas ferramentas? E o caderno? E a bancada?

Para iniciar

Neste capítulo vamos estudar de que são feitos diferentes objetos e conhecer alguns materiais criados pelo ser humano.

- Observe o que está ao seu redor: Você já se perguntou de que todas essas coisas são feitas?
- Para fazer o mesmo tipo de objeto (um copo, por exemplo), sempre utilizamos o mesmo tipo de material? Ou podemos utilizar materiais diferentes?
- Você sabe como são obtidos materiais como o vidro e o plástico?

Atividade prática

Vamos fazer um porta-lápis usando argila como material?

Material

- Argila
- Espátula (pode ser um palito de sorvete)
- Pincel
- Tinta

Como fazer

Fernando Favoretto/Arquivo da editora

1. Com um pouco de argila, faça a base de um pequeno porta-lápis.

Dotta2/Arquivo da editora

2. Faça rolinhos com a argila para formar o corpo do objeto.

Dotta2/Arquivo da editora

3. Molde os rolinhos em cima da base. Use uma espátula ou um palito de sorvete para unir as partes do objeto.

Dotta2/Arquivo da editora

4. Espere secar e depois pinte. O seu porta-lápis está pronto!

Diferentes objetos, diferentes materiais

Vamos analisar de que são feitos diferentes objetos do nosso dia a dia.

Você já viu uma panela feita de papel?

O mais provável é que não!

Para fazer objetos como uma panela, uma caneca e outros itens de cozinha que vão ao fogo, temos de usar um material resistente ao calor e que não queime. Alguns exemplos são o barro (argila) e o alumínio.

Outros materiais podem ser usados para fazer diferentes objetos. Por exemplo:

- o cobre é flexível e conduz eletricidade, por isso pode ser usado para fazer fios elétricos;
- a borracha é elástica, por isso é muito usada em pneus e como amortecedora em tênis de corrida;
- o vidro é um material ideal para fazer copos, janelas, vitrines e garrafas, por exemplo, em razão de sua transparência;
- plásticos resistentes podem ser usados para fazer jarras, copos, brinquedos e uma infinidade de outros objetos.

Elementos representados em tamanhos não proporcionais entre si.

Angelo Gilardelli/Shutterstock

Coprid/Shutterstock

Uma panela de barro e uma caneca de alumínio são objetos que podem ir ao fogo.

xMarshall/Alamy/Fotoarena

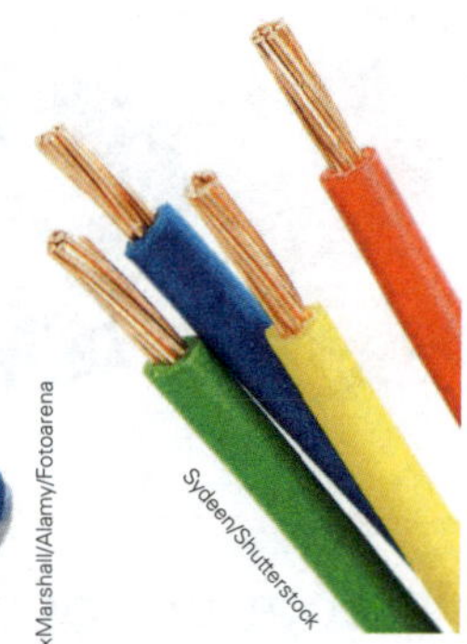

Sydeen/Shutterstock

Amortecedores de borracha podem ser usados nos tênis para proteger os pés. Já os fios de cobre são muito usados em aparelhos eletrônicos.

Zhu difeng/Shutterstock

A transparência do vidro permite que enxerguemos os produtos através das vitrines.

Kosmos111/Shutterstock

O plástico é um material bem resistente a choques.

1 Após ler com o professor o texto da página anterior, complete os esquemas abaixo.

VIDRO

pode ser usado para fazer

_____________ | _____________ | _____________

COPO

pode ser feito de

_____________ | _____________ | _____________

2 Associe cada objeto a pelo menos um material de que ele pode ser feito.

Elementos representados em tamanhos não proporcionais entre si.

Vectorry/Shutterstock

Ircaniago/Shutterstock

Tribalium/Shutterstock

BARRO

MADEIRA

METAL

TECIDO

VIDRO

PLÁSTICO

Igdeeva Alena/Shutterstock

pshava/Shutterstock

yukimco/Shutterstock

3 Analise os objetos que estão nesta página e na próxima. Depois, preencha o quadro indicando de que material esses objetos eram feitos antigamente e de que material costumam ser feitos hoje em dia.

Elementos representados em tamanhos não proporcionais entre si.

Fundo da composição:AlexandrBognat/Shutterstock

Objetos que usamos no dia a dia

	Do que era feito antigamente?
Boneca	
Carrinho	
Pião	
Ferro de passar	
Fôrma de gelo	
Roupa	
Panela	

Canbedone/Shutterstock

Boneca.

Zerbor/Shutterstock

Ferro de passar.

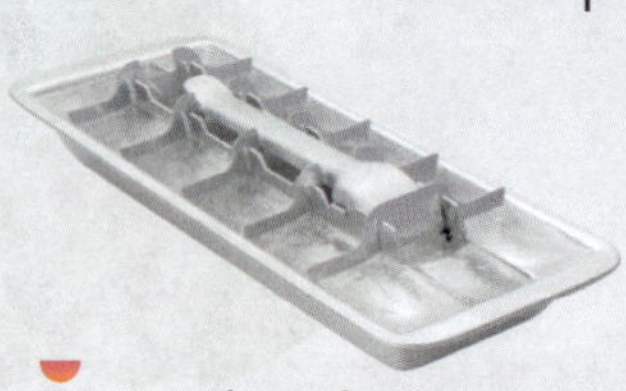
Danny Smythe/Shutterstock

Fôrma de gelo.

Ari N/Shutterstock

Panela.

Elnur/Shutterstock

Roupa.

Oriori/Shutterstock

Carrinho.

Raquel Leo Finez/Shutterstock

Pião.

Mousos Saponoro/Arquivo da editora

4 Troque ideias com os colegas e responda às dúvidas das crianças que aparecem nesta página e na página anterior.

Elementos representados em tamanhos não proporcionais entre si.

Do que é feito hoje em dia?

Chiyacat/Shutterstock

Roupa.

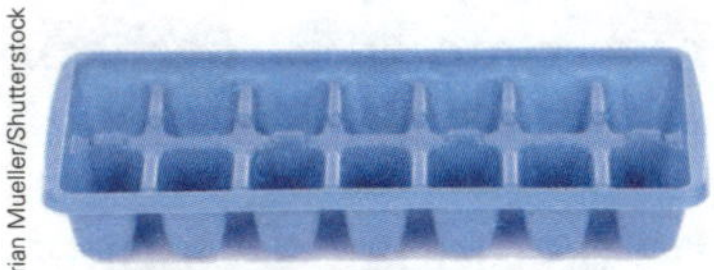
Brian Mueller/Shutterstock

Fôrma de gelo.

Nexus 7/Shutterstock

Panela.

Michael Kraus/Shutterstock

Boneca.

Stanislav Khokholkov/Shutterstock

Ferro de passar.

Daniela Migliorisi/Shutterstock

Pião.

MriMan/Shutterstock

Carrinho.

Mouses Sagiorato/Arquivo da editora

Materiais elaborados

Vamos estudar materiais criados pelo ser humano a partir de outros materiais.

Você sabe de onde vem o vidro? E o papel?

O vidro e o papel são materiais que não existem prontos na natureza. Eles são elaborados pelo ser humano. Lendo o mural desta página e da página seguinte, você entenderá como eles são feitos.

Vidro

Hoje em dia, a maior parte dos vidros é feita com matérias-primas como areia, carbonato de sódio e calcário.

Acompanhe as etapas de fabricação artesanal de objetos de vidro.

1. A areia, o carbonato de sódio e o calcário são aquecidos em um forno especial a temperaturas muito altas.
2. Os materiais se unem e derretem, formando uma mistura mole de vidro líquido.
3. Enquanto está mole, o vidro pode ser moldado ou assoprado para formar diferentes objetos.
4. Conforme esfria, o vidro líquido endurece e... o objeto de vidro está pronto!

Dizemos que o vidro é um material elaborado porque não o encontramos pronto na natureza: é preciso fabricá-lo! E você já sabe: quem fabrica são os seres humanos.

Diyana Dimitrova/Shutterstock

Aratt/Shutterstock

Maggee/Shutterstock

Fotos: Maggee/Shutterstock

1 Nesta página e na página anterior, associe cada imagem com o trecho de texto que ela melhor ilustra.

Mouses Sagiorato/Arquivo da editora

Sugestão de...

Livro

De onde as coisas vêm?
Anne-Sophie Baumann. São Paulo: Salamandra, 2003.

Elementos representados em tamanhos não proporcionais entre si.

Clearviewstock/Shutterstock

Papel

Agora vamos aprender como é feito o papel, outro material elaborado.

1. Árvores de eucalipto são plantadas em grandes extensões de terra.
2. As árvores são cortadas em pedaços.
3. Os pequenos pedaços de madeira são processados e transformados em uma polpa contendo fibras de celulose.
4. Com as fibras, são fabricados muitos rolos de papel. Depois, o papel é cortado e pode ter vários usos.

Kenneth Sponsler/Shutterstock

Tamapon Sriswasdi/Shutterstock

Marcos André/Opção Brasil Imagens

pardara/Shutterstock

2 Com um colega, identifiquem para que servem e de que são feitos os objetos mostrados na imagem que está nesta página e na próxima.

- Agora, preencha o quadro e os textos da página da **Enciclopédia digital das crianças** que é apresentada a seguir.

Fundo: Fernando Favoretto/Criar Imagem
Papel toalha: Douglas Cometti/Acervo da editora
Guardanapo: Dawydenko Yuliia/Shutterstock

11:30

Enciclopédia digital das crianças

Início

Conteúdo

Ajuda

Material	Pode ser usado para fazer...
barro (cerâmica)	azulejo, panela
vidro	copo, jarra, janela, travessa
metal	
plástico	
papel	
madeira	

O que é?

Matéria-prima: ______

______

______

Material elaborado: ______

______

______

SAIR

Banco de imagens/Arquivo da editora

Vamos ver de novo?

Neste capítulo você aprendeu que:

- Diferentes materiais podem ser usados como matéria-prima para a confecção de diferentes objetos.
- Barro e madeira são alguns dos materiais encontrados na natureza.
- Vidro e papel são alguns dos materiais elaborados pelo ser humano.

MATERIAIS

são utilizados para fazer → OBJETOS

podem ser → MATERIAIS ELABORADOS

podem servir como → MATÉRIAS-PRIMAS

MATERIAIS ELABORADOS **por exemplo**:

AlenKadr/Shutterstock

VIDRO

drsnaut/Shutterstock

PAPEL

Teerasak Ladnongkhun/Shutterstock

PLÁSTICO

1 Com quais das frases abaixo você concorda? E de quais você discorda? Troque ideias com os colegas e proponham correções para as frases incorretas.

2 Explique: O que é um material elaborado pelo ser humano?

____

____

3 No caderno, escreva um texto sobre cada item da cruzadinha, que já está resolvida. Em seus textos, procure explicar se o item é encontrado na natureza ou se é um material elaborado.

Elementos representados em tamanhos não proporcionais entre si.

Tecendo saberes

1 Leia o texto e troque ideias com os colegas: Qual será o presente que o narrador do texto quer ganhar?

Um presente de papel

Eu queria um presentinho,
um presente de Natal.
Não precisa ser de plástico,
muito menos de metal.
Um presente em que eu embarque,
em que eu possa viajar.
[...]
Com ele eu não fico só,
e com ele eu posso sorrir.
Posso até ficar com medo,
mas eu vou me divertir.
[...]
Vou pedir para o meu pai
— finjo que é Papai Noel —
O presente que eu quero
É um presente de papel!
[...]

Pedro Bandeira. **Mais respeito, eu sou criança!** São Paulo: Moderna, 2009.

Hagaquezart Estúdio/Arquivo da editora

2 No diagrama de letras, identifique os materiais citados no texto da página anterior.

I	G	M	D	K	E	A	F	T	T	A	W	N	R	B	T	X
J	O	E	L	E	I	B	H	P	L	Á	S	T	I	C	O	D
K	Q	T	A	Y	R	G	T	B	R	O	A	O	H	J	W	O
T	P	A	P	E	L	F	O	E	H	Z	V	X	T	F	X	J
C	N	L	E	J	L	C	J	U	U	E	D	Y	O	I	B	Z

3 No caderno, acrescente um ou dois versos ao texto da página anterior, citando um material elaborado que estudamos nesta unidade: o vidro.

4 Que tal fazer e dar para seus amigos um presente de papel: um origâmi?! Pegue um pedaço quadrado de papel e siga o passo a passo!

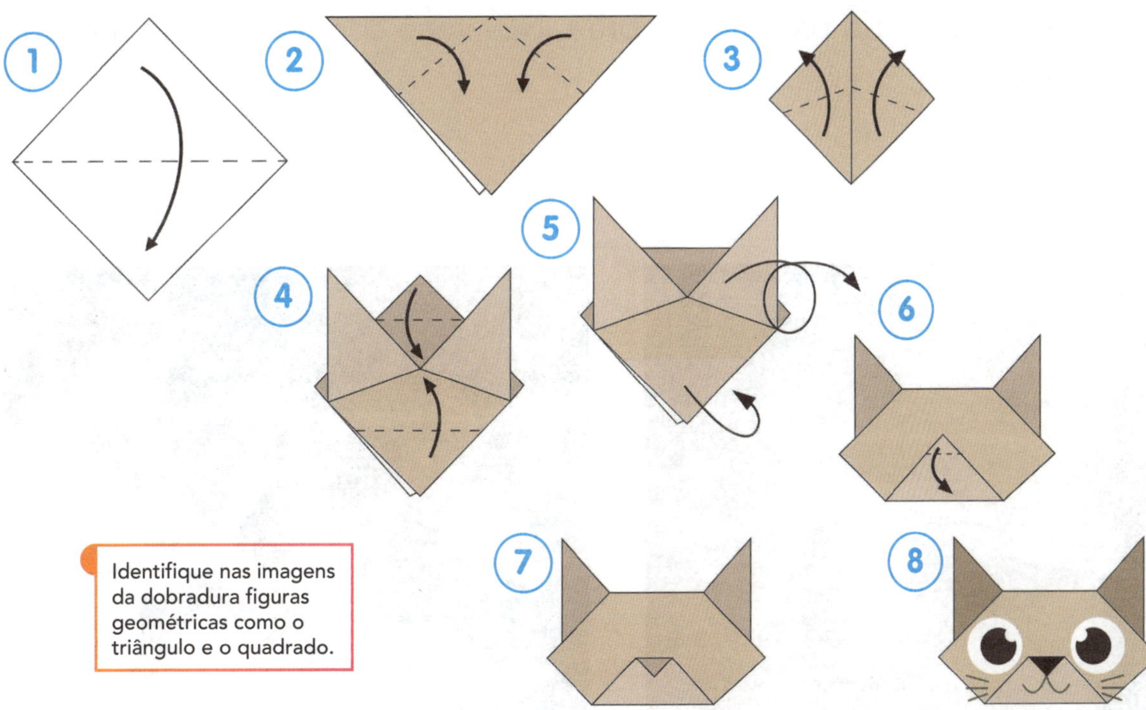

Identifique nas imagens da dobradura figuras geométricas como o triângulo e o quadrado.

Fotos: tofang/Shutterstock

5 Converse com seus pais ou responsáveis e com os colegas e responda:

a) De que seus pais ou responsáveis costumavam brincar quando tinham a sua idade?

b) Você e os colegas costumam brincar das mesmas brincadeiras que seus pais ou responsáveis brincavam?

O que estudamos

Nesta unidade:

- Ficamos sabendo que utilizando termômetros podemos medir a temperatura.
- Estudamos que é possível criar estátuas de água e usar a água para fazer diferentes misturas.
- Aprendemos que o ser humano utiliza diferentes materiais para fazer diferentes objetos.
- Estudamos que materiais elaborados, como vidro e papel, são invenções humanas.

Observe as imagens a seguir e relembre o que estudou. Depois, converse com os colegas e com o professor sobre o que você aprendeu nesta unidade que antes não sabia.

Você...

Registre suas ideias no caderno.

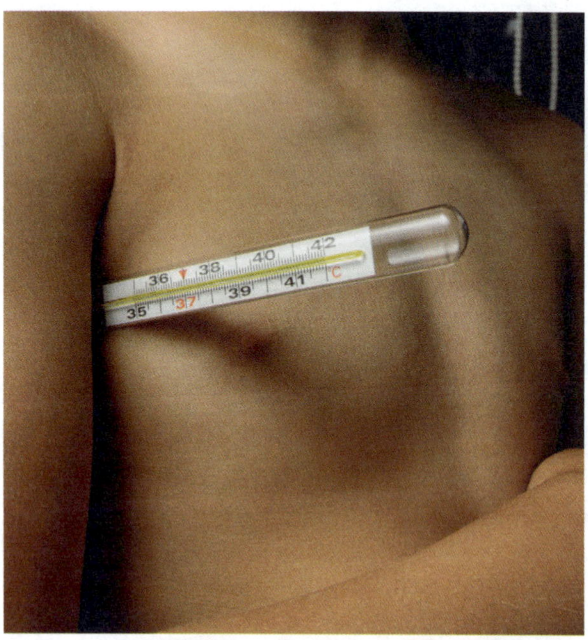

Buenaventuramariano/iStockphoto/Getty Images

... conheceu termômetros e tomou medidas de temperatura.

Dotta2/Arquivo da editora

... verificou que, com a incidência da luz solar, superfícies escuras tendem a se aquecer mais do que superfícies claras.

2 No diagrama de letras, identifique os materiais citados no texto da página anterior.

I	G	M	D	K	E	A	F	T	T	A	W	N	R	B	T	X
J	O	E	L	E	I	B	H	P	L	Á	S	T	I	C	O	D
K	Q	T	A	Y	R	G	T	B	R	O	A	O	H	J	W	O
T	P	A	P	E	L	F	O	E	H	Z	V	X	T	F	X	J
C	N	L	E	J	L	C	J	U	U	E	D	Y	O	I	B	Z

3 No caderno, acrescente um ou dois versos ao texto da página anterior, citando um material elaborado que estudamos nesta unidade: o vidro.

4 Que tal fazer e dar para seus amigos um presente de papel: um origâmi?! Pegue um pedaço quadrado de papel e siga o passo a passo!

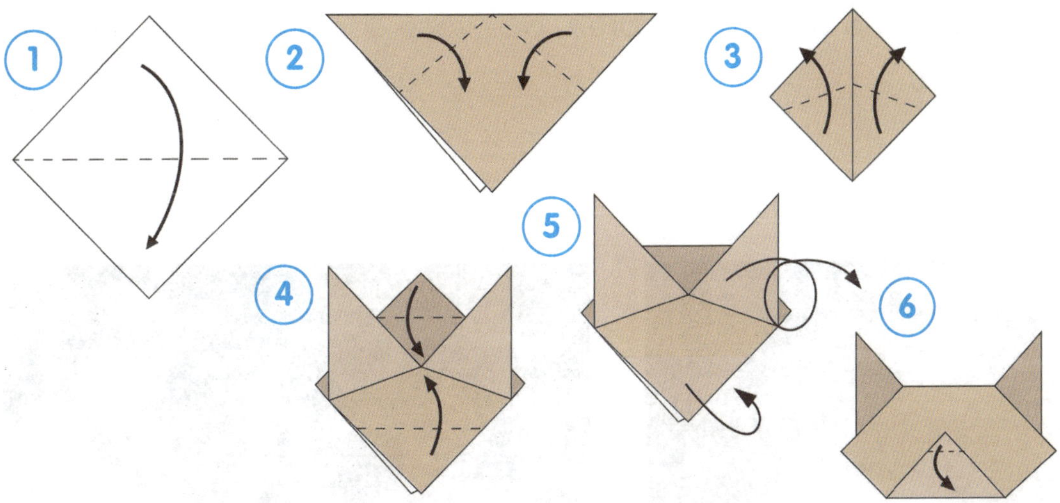

Identifique nas imagens da dobradura figuras geométricas como o triângulo e o quadrado.

Fotos: tofang/Shutterstock

5 Converse com seus pais ou responsáveis e com os colegas e responda:

a) De que seus pais ou responsáveis costumavam brincar quando tinham a sua idade?

b) Você e os colegas costumam brincar das mesmas brincadeiras que seus pais ou responsáveis brincavam?

O que estudamos

Nesta unidade:

- Ficamos sabendo que utilizando termômetros podemos medir a temperatura.
- Estudamos que é possível criar estátuas de água e usar a água para fazer diferentes misturas.
- Aprendemos que o ser humano utiliza diferentes materiais para fazer diferentes objetos.
- Estudamos que materiais elaborados, como vidro e papel, são invenções humanas.

Observe as imagens a seguir e relembre o que estudou. Depois, converse com os colegas e com o professor sobre o que você aprendeu nesta unidade que antes não sabia.

Registre suas ideias no caderno.

Você...

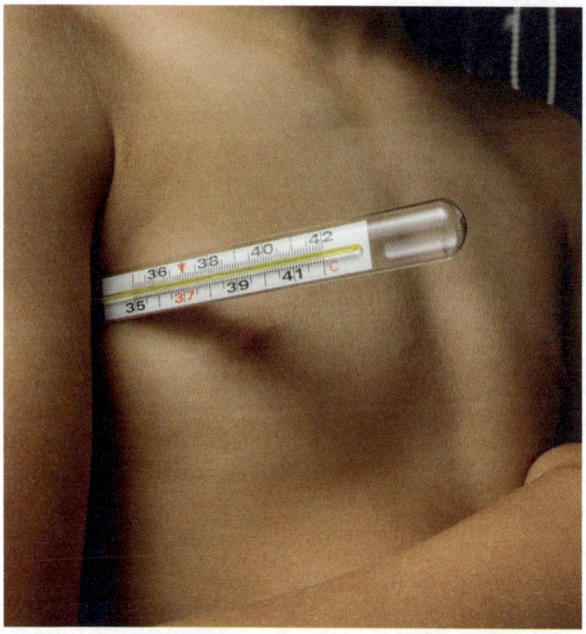

Buenaventuramariano/iStockphoto/Getty Images

... conheceu termômetros e tomou medidas de temperatura.

Dotta2/Arquivo da editora

... verificou que, com a incidência da luz solar, superfícies escuras tendem a se aquecer mais do que superfícies claras.

Dotta2/Arquivo da editora

... utilizou água para fazer diferentes misturas.

Nexus 7/Shutterstock

... analisou de que materiais são feitos diferentes objetos do dia a dia.

Maggee/Shutterstock

... estudou materiais criados pelo ser humano, como o vidro e o papel.

Para refletir e conversar

Folheie as páginas anteriores e reflita sobre valores, atitudes e o que você sentiu e aprendeu nesta unidade.

- Você gostou de promover alterações de estado físico da água e de conhecer esculturas de água?
- Como você se sente ao saber que o ser humano cria materiais que não existem na natureza? Você gostaria de conhecer melhor esses materiais?
- Considerando tudo o que você estudou em Ciências neste ano, quais assuntos você ficou com vontade de investigar e explorar mais?

GLOSSÁRIO

C

Carbonato de sódio (página 124)

Substância usada para fabricar sabões, detergentes, tinturas e outros produtos, como o vidro.

O carbonato de sódio é muito usado na indústria química.

Celulose (página 125)

Substância fibrosa extraída de plantas.

A celulose é matéria-prima da indústria de papel e de tecidos.

D

Digestão (página 44)

Processo pelo qual o alimento é transformado e absorvido pelo organismo.

Alimentos ricos em fibras, como verduras e frutas, facilitam a digestão e fazem bem à saúde.

E

Embrião (página 26)

Ser vivo em sua fase inicial de desenvolvimento.

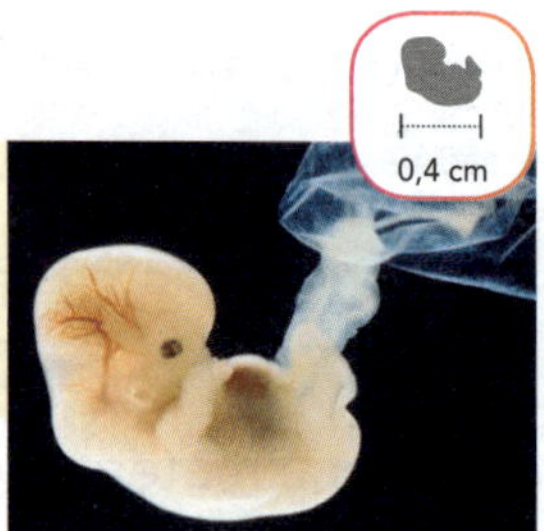

Neil Harding/The Image Bank/Getty Images

Embrião humano com cerca de seis semanas.

Nas plantas, o embrião desenvolve-se no interior da semente. Já o embrião da maioria dos animais mamíferos desenvolve-se no útero da mãe.

F

Floresta Amazônica (página 13)

Paisagem característica que cobre quase toda a região Norte do Brasil, parte das regiões Nordeste e Centro-Oeste, além de parte de outros países da América do Sul, como Bolívia, Peru e Venezuela.

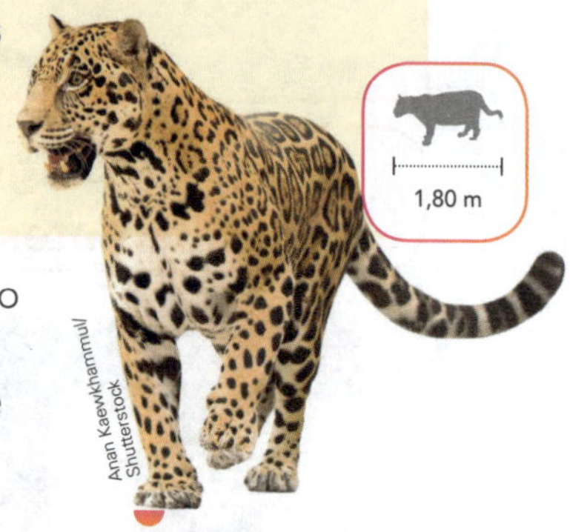

Anan Kaewkhammul/Shutterstock

Onça-pintada.

A onça-pintada, o tucano e a arara-canindé são alguns dos animais que vivem na Floresta Amazônica.

G

Geada (página 94)

Fenômeno que ocorre em baixas temperaturas. O orvalho congela sobre a superfície de plantas, telhados e carros, formando uma fina camada de gelo.

É comum a ocorrência de geadas no sul do Brasil, onde as temperaturas costumam ser baixas em algumas épocas do ano.

Fabio Colombini/Acervo do fotógrafo

Geada formada sobre uma planta.

Germinação página 26

Início do desenvolvimento e do crescimento de uma planta. Em geral, a germinação acontece a partir de uma semente.

Para germinar, as sementes precisam de condições favoráveis, principalmente de temperatura e de umidade.

Bogdan Wankowicz/Shutterstock

Germinação de uma semente de feijão.

M

Mata Atlântica página 18

Paisagem característica que se estendia por grande parte do litoral do Brasil, do estado do Rio Grande do Norte ao estado do Rio Grande do Sul. Atualmente, a Mata Atlântica está bastante devastada.

A Mata Atlântica tem uma enorme variedade de plantas e de animais. O mico-leão-dourado é um de seus habitantes.

Edwin Butter/Shutterstock

Mico-leão-dourado.

Matéria-prima página 124

Aquilo que é fundamental para a fabricação de um produto.

O couro é uma matéria-prima que pode ser usada na fabricação de bolsas e sapatos.

Ruslan Kudrin/Shutterstock

Bolsa de couro.

P

Pressão atmosférica página 94

Pressão que o ar exerce sobre a superfície, um corpo ou um objeto. Essa pressão pode mudar dependendo da temperatura ou do local em que se está no planeta.

Na praia, a pressão atmosférica geralmente é maior do que no alto de uma montanha.

R

Reprodução página 24

Processo biológico por meio do qual um organismo dá origem a novos organismos, seus descendentes.

Por meio da reprodução, alguns animais podem gerar descendentes semelhantes.

Peter Kniez/Shutterstock

Pata com seus filhotes.

S

Solo página 21

Parte da superfície da Terra formada por material rochoso fragmentado e restos de seres vivos.

No solo podemos encontrar diferentes tipos de animais, como as minhocas.

D. Kucharski K. Kucharska/Shutterstock

Minhoca.

BIBLIOGRAFIA

ACOT, P. ***História da Ecologia***. Rio de Janeiro: Campus, 1990.

ALIBERT-KOURAGUINE, D.; GORDE, M. ***As grandes invenções:* respostas a pequenas curiosidades**. São Paulo: Scipione, 1997.

AMABIS, J. M.; MARTHO, G. R. ***Investigando o corpo humano***. São Paulo: Scipione, 2004.

BARRETO, E. S. S. (Org.). ***Os currículos do Ensino Fundamental para as escolas brasileiras***. 2. ed. Campinas: Autores Associados, 2000.

BARROSO, C.; BRUSCHINI, C. ***Sexo e juventude:* como discutir a sexualidade em casa e na escola**. 7. ed. São Paulo: Cortez, 2002.

BENLLOCH, M. ***Por un aprendizaje constructivista de las Ciencias***. Madrid: Visor Distribuciones, 1984.

BERNA, V. ***Como fazer educação ambiental***. São Paulo: Paulus, 2001. (Coleção Pedagogia e Educação).

BRANCO, S. M. ***O meio ambiente em debate***. 3. ed. São Paulo: Moderna, 2004. (Coleção Polêmica).

BRASIL. Ministério da Educação. Secretaria de Educação Fundamental. ***Base Nacional Comum Curricular (BNCC) – Ciências da Natureza***. Brasília, 2017.

__________. Ministério da Educação. Secretaria de Educação Fundamental. ***Parâmetros Curriculares Nacionais:* primeiro e segundo ciclos do Ensino Fundamental: Ciências Naturais**. Brasília, 1996.

__________. ***Parâmetros Curriculares Nacionais:* terceiro e quarto ciclos do Ensino Fundamental: Ciências Naturais**. Brasília: 1997.

CAMPOS, M. C. C.; NIGRO, R. G. ***Didática de Ciências:* o ensino-aprendizagem como investigação**. São Paulo: FTD, 2004.

CARVALHO, A. M. P. et al. ***Ciências no Ensino Fundamental:* o conhecimento físico**. São Paulo: Scipione, 1998.

__________; GIL-PÉRES, D. ***Formação de professores de Ciências:* tendências e inovações**. 10. ed. São Paulo: Cortez, 2011. v. 26. (Coleção Questões da Nossa Época).

CAVALCANTI, C. (Org.). ***Desenvolvimento e natureza:* estudos para uma sociedade sustentável**. 3. ed. São Paulo: Cortez, 2001.

CAVALCANTI, Z. (Coord.). ***Trabalhando com História e Ciências na Pré-Escola***. Porto Alegre: Artmed, 1995.

COLEÇÃO As Origens do Saber da Natureza. São Paulo: Melhoramentos, 1994.

COLEÇÃO Aventura Visual. Rio de Janeiro: Globo, 1990.

COLEÇÃO Ciência Divertida. São Paulo: Melhoramentos, 1999.

COLEÇÃO Ciência e Natureza. Rio de Janeiro: Time Life-Abril Livros, 1995.

COLEÇÃO Enciclopédia da Vida Selvagem Larousse. Barcelona: Altaya, 1997.

COLEÇÃO Guia Prático de Ciências. Rio de Janeiro: Globo, 1994.

COLEÇÃO Jovem Cientista. Rio de Janeiro: Globo, 1996.

COLEÇÃO Mundo Incrível. Rio de Janeiro: Globo, 1998.

COLEÇÃO Projeto Ciência. São Paulo: Atual, 2016.

COLEÇÃO Tesouros da Terra: Minerais e pedras preciosas. Rio de Janeiro: Globo, 1996.

COLL, C.; TEBEROSKY, A. ***Aprendendo Ciências:* conteúdos essenciais para o Ensino Fundamental de 1ª a 4ª série**. São Paulo: Ática, 2002.

CORSON, W. H. ***Manual global de Ecologia***. São Paulo: Augustus, 1996.

DELIZOICOV, D.; ANGOTTI, J. A.; PERNAMBUCO, M. M. ***Ensino de Ciências:* fundamentos e métodos**. São Paulo: Cortez, 2002. (Coleção Docência em Formação).

DIAS, G. F. ***Atividades interdisciplinares de educação ambiental***. 2. ed. São Paulo: Global, 2006.

GUIMARÃES, I. ***Educação sexual na escola:* mito e realidade**. Campinas: Mercado das Letras, 1995.

HERMAN, M. L. et al. ***Orientando a criança para amar a Terra***. 2. ed. São Paulo: Augustus, 2002.

KOHL, M. A. F.; POTTER, J. ***Descobrindo a Ciência pela arte:* propostas de experiências**. Porto Alegre: Artmed, 2003.

KRASILCHIK, M. ***Prática de ensino de Biologia***. 4. ed. São Paulo: Edusp, 2004.

LEPSCH, I. F. ***Solos:* formação e conservação**. 2. ed. São Paulo: Melhoramentos, 2010.

MASSARANI, L. (Org.). ***O pequeno cientista amador:* a divulgação científica e o público infantil**. Rio de Janeiro: Casa da Ciência/UFRJ/Museu da Vida/Fiocruz/Vieira & Lent, 2005.

NOVAK, J. D.; GOWIN, D. B. ***Aprendiendo a aprender***. Barcelona: Martínez Roca, 1988.

OLIVEIRA, R. C. S.; KARA-JOSÉ, N.; ARIETA, C. E. L. ***Manual da boa visão do escolar:* solucionando dúvidas sobre o olho e a visão**. 2. ed. São Paulo: Conselho Regional de Oftalmologia, 2001.

PARKER, S. ***Química simples***. São Paulo: Melhoramentos, 1998.

PARQUES Nacionais do Brasil. 2. ed. São Paulo: Empresa das Artes, 2003. (Guias Philips).

PIQUÉ, M. P. R.; BRITO, J. F. ***Atlas escolar de Botânica***. São Paulo: Ícone, 1996.

RONAN, C. A. ***História ilustrada da Ciência***. Rio de Janeiro: Jorge Zahar, 1987.

THE EARTHWORKS Groups. ***50 coisas simples que você pode fazer para salvar a Terra***. Rio de Janeiro: José Olympio, 2005.

VYGOTSKY, L. S. ***Pensamento e linguagem***. São Paulo: Martins Fontes, 1987.

WALDMAN, M.; SCHNEIDER, D. ***Guia ecológico doméstico***. São Paulo: Contexto, 2000.

WEISSMANN, H. (Org.). ***Didática de Ciências Naturais:* contribuições e reflexões**. Porto Alegre: Artmed, 1998.

Projeto Ápis

CIÊNCIAS E LINGUAGEM

CIÊNCIAS

2º ANO

Ensino Fundamental

NOME: ______________________ TURMA: __________

ESCOLA: ______________________

editora ática

Que tal mais um desafio?

Você costuma ler histórias? Presta atenção na letra das canções? Gosta de poemas?

Neste complemento, você vai encontrar algumas histórias, letras de canção e poemas que abordam assuntos relacionados ao que você estudou em Ciências durante este ano. Dessa maneira, ao mesmo tempo que você lê e canta, poderá rever aquilo que aprendeu.

No final, você será convidado a trabalhar com os colegas de turma para organizar uma coletânea de histórias, letras de canção e poemas. Será uma coletânea que tratará de temas que vocês estudaram neste ano.

Que tal prestar atenção em algumas características de histórias, letras de canção e poemas?

Nesta página e nas próximas, você vai encontrar três textos: o trecho inicial de uma história, a letra de uma canção e um poema. Sinalizamos, à margem dos três textos, suas principais partes. Assim, quando você for escrever suas histórias, suas letras de canção e seus poemas, poderá verificar se não se esqueceu de nenhuma dessas partes.

João e o pé de feijão

O **título** é o nome do texto.

Um dia a mãe de João chamou-o para uma conversa:

— Menino, estamos precisando de dinheiro. Vá até o mercado e venda essa nossa vaquinha.

A **introdução** é o começo do texto. Em geral, situa a história no tempo e no espaço, apresenta os personagens e revela a situação ou o problema que vão enfrentar.

Ideário LAB/Arquivo da editora

No caminho para o mercado, João encontrou um homem que lhe fez uma oferta irresistível:

— Esses grãos de feijão são mágicos! Eles são muito valiosos! Você não quer trocar a sua vaquinha por eles?

E João acabou por aceitar a oferta, crente de que havia feito um ótimo negócio. Mas, quando chegou em casa, sua mãe, furiosa, lhe disse:

— Menino, o que vamos fazer com esses feijões? Eles não servem para nada!

E jogou os grãozinhos pela janela.

No dia seguinte, João ainda estava muito chateado. Ele acordou bem cedo, olhou pela janela por onde sua mãe havia jogado os grãozinhos e se espantou:

— Nossa! Daqueles grãozinhos que mamãe jogou pela janela brotou esse imenso pé de feijão! Ele é tão alto que… Chega lá no céu!

Como era dado a aventuras, o menino não pensou duas vezes e começou a subir pelo pé de feijão gigante. Quando chegou lá em cima…

João e o pé de feijão, conto do folclore inglês.

O **desenvolvimento** é a parte da história em que os personagens vivem a situação ou o problema apresentados na introdução.

A **conclusão** é o fim da história. Nessa parte, nós ficamos sabendo como os personagens enfrentaram a situação ou o problema. Aqui não apresentamos o final da história de João. Que tal você ler uma versão completa dela para ficar sabendo o que acontece?

Aniversário

Título

Hoje eu sinto que cresci bastante
Hoje eu sinto que estou muito grande
Sinto mesmo que sou um gigante
Do tamanho de um elefante

Cada linha do texto é chamada de **verso**.

É que hoje é meu aniversário
E quando chega meu aniversário
Eu me sinto bem maior
Bem maior, bem maior, bem maior
Do que eu era antes

A **estrofe** é um conjunto de versos.

Hoje eu sinto que cresci bastante
Hoje eu sinto que estou muito grande
Sinto mesmo que sou um gigante
Do tamanho de um elefante

As **rimas** são formadas por sons iguais ou parecidos que se repetem, em geral, no fim dos versos. Dão ritmo e sonoridade à letra da canção.

É que hoje é meu aniversário
E quando chega meu aniversário
Eu me sinto bem maior
Bem maior, bem maior, bem maior
Do que eu era antes

HOZart Estúdio/Arquivo da editora

Sandra Peres e Paulo Tatit.
DVD **Palavra Cantada – 10 anos**.
São Paulo: Palavra Cantada, 2004.

Papagaio-verdadeiro

Moro ainda
Neste ovo
Bem durinho
E paradão.

Mas cá dentro
Estou vivinho
E já batuca
Um coração.

Quem esperar
Um tempinho
Poderá
Me conhecer.

Logo quebro
Essa casca.
E o que todos
Vão dizer?

Um papagaio!

Que lindo que ele é!
Dá o pé, louro. Dá o pé...

Nos poemas, as **rimas** também dão ritmo e sonoridade ao texto.

José Santos e Laurabeatriz. **Rimas da floresta:** Poesia para animais ameaçados pelo homem. São Paulo: Peirópolis, 2007. (Coleção Bicho-poema).

Ideário LAB/Arquivo da editora

1 Leia a letra desta canção.

Igrejinha

Esta é a igrejinha
Abre a janelinha, deixa o sol entrar
Perto da igreja tem uma árvore
E os passarinhos pousam nela assim
Perto da árvore tem uma ponte
E por baixo dela corre um rio assim
Feche a janelinha que já vai chover
Chuá, chuá, chuá

Cantiga popular.

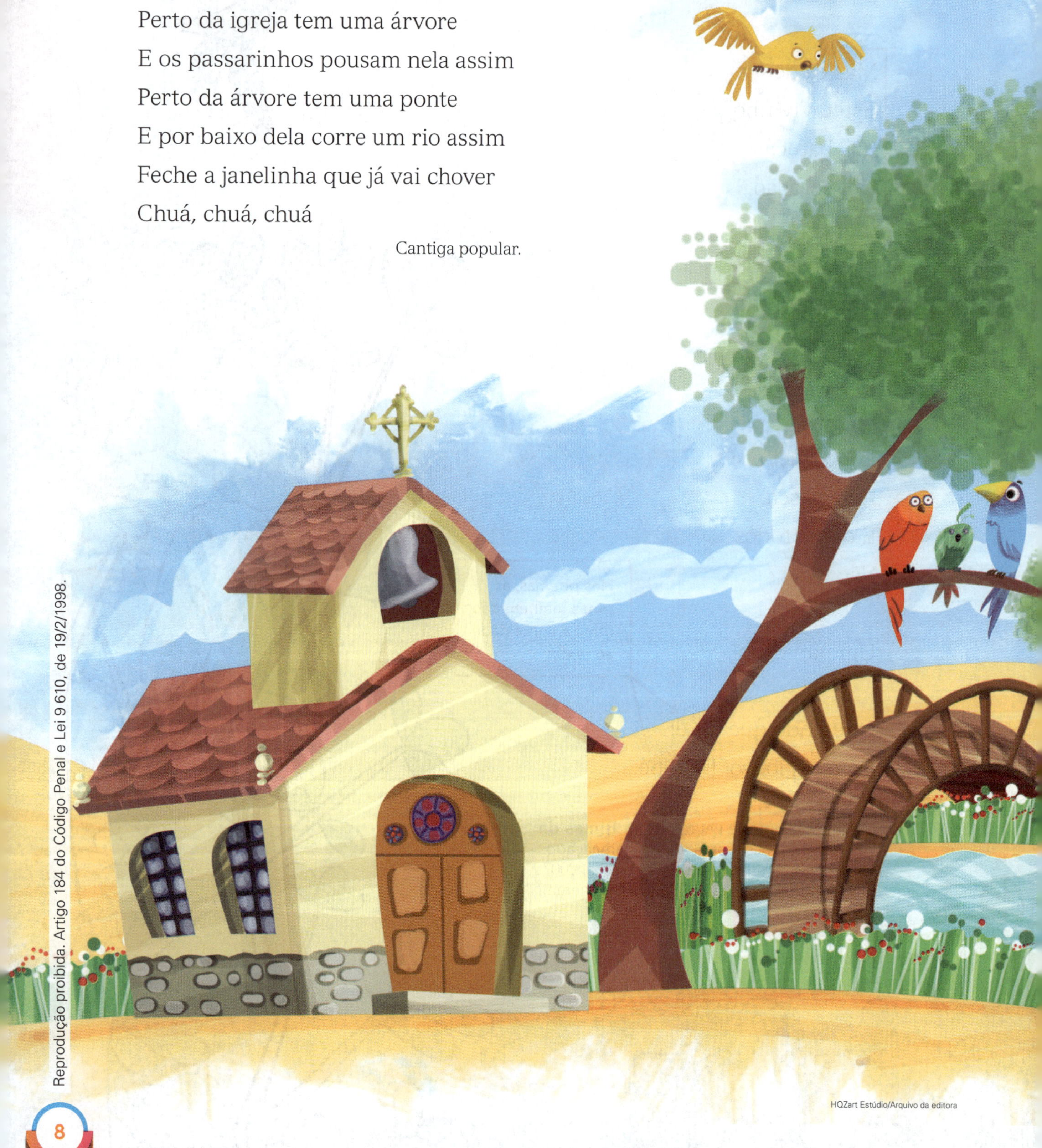

HQZart Estúdio/Arquivo da editora

2 Agora, analise a canção e reveja o que você estudou neste ano.

a) Dê um novo título para a canção. No seu título, procure usar a palavra **campo** ou a palavra **cidade**.

b) Faça um desenho mostrando como você imagina que é o ambiente descrito na canção.

c) Releia a letra da canção substituindo a palavra **ponte** por alguma outra modificação que o ser humano poderia ter introduzido no ambiente.

3 Leia o poema a seguir.

Lagartixa-da-areia

Bom mesmo
É viver olhando o mar.
O vaivém do sol,
Das ondas, do luar.

Se eu fosse uma sereia,
Enfeitiçaria todo mundo.

Se eu fosse uma baleia,
Mergulharia lá no fundo.

Mas sou feliz assim.
Digo de boca cheia:
Bom para mim
É morar na praia
E brincar na areia.

Lalau e Laurabeatriz. **Bem brasileirinhos**. São Paulo: Cosac Naify, 2004.

Luiz Claudio Marigo / Tyba

Ideário LAB/Arquivo da editora

4 Agora, analise o poema e reveja o que você estudou neste ano.

a) De qual ser vivo fala o poema? Como você sabe?

____

____

b) O poema cita outros seres: um real e um imaginário. Quais são eles?

Ser real: ______________________________.

Ser imaginário: ______________________________.

c) O nome desses seres forma rimas com outras palavras do poema. Circule no texto as palavras que formam essas rimas.

d) O que a lagartixa-da-areia gosta de fazer no lugar onde vive? Escreva nas linhas abaixo.

____

____

e) Você já viu uma lagartixa doméstica, daquelas que andam pelas paredes, caçando insetos? É bom ou ruim ter uma dessas em casa? Converse com os colegas.

f) Leia o texto a seguir.

> Apesar do nome, a lagartixa-da-areia não é uma verdadeira lagartixa, mas um pequeno lagarto, também chamado de lagartinho-da-praia. Ele gosta de comer besouros, formigas e larvas de outros insetos, além de partes de plantas, como folhas e flores.
>
> Esse pequeno animal só existe em algumas áreas de praia do Rio de Janeiro e pode deixar de existir para sempre, pois seu ambiente natural está desaparecendo com a destruição da vegetação das praias para a construção de prédios, quadras esportivas e barracas de praia.

- Desenhe em uma folha avulsa a lagartixa-da-areia. Represente com detalhes o ambiente onde esse ser vivo pode ser encontrado e algumas modificações que o ser humano tem feito nesse ambiente.

5 Leia agora este outro poema.

A porteirinha

Sete anos já fizeste.
Quando fui te visitar
Fiquei encantado a olhar
— Com o sorriso que me deste —
Uma linda porteirinha em teus dentes de rato.
Mas nem deves ficar triste,
Deixa de lado o recato.
Deves até tirar retrato sorrindo assim lindamente.
Fará bem a toda gente!
Num mundo tão mascarado
O sorriso mais sincero é o sorriso desdentado.

Mario Quintana. **Lili inventa o mundo**.
São Paulo: Global, 2005.

Ideário LAB/Arquivo da editora

6 Agora, analise o poema e reveja o que você estudou neste ano.

a) No poema, o que significa **linda porteirinha**? Explique.

b) Você sabe o que significa **recato**? É o mesmo que vergonha, timidez. Por que o poema diz para a criança perder a vergonha e sorrir?

c) Você já deu um sorriso desdentado? Qual era a sua idade? Desenhe abaixo seu retrato com um sorriso desdentado ou cole uma fotografia..

7 Leia a seguir o início de uma história.

Ilustrações: Mouses Sagiorato/Arquivo da editora

A menina que brincava com as palavras

Ana era uma menina que inventava de brincar com as palavras.

Para ela as palavras tinham cor e tinham tato, como se fossem a pele de uma zebra.

As palavras tinham gosto e tinham cheiro, como se fossem o gomo e a casca de uma tangerina.

Essa brincadeira a menina fazia desde bem pequenina. Do tempo em que mamava nos seios da mãe.

Do tempo em que sua avó contava histórias. Do tempo em que Ana nem sequer sabia ler as palavras escritas. Lia as nuvens, as estrelas, os bichos, as pessoas, as ruas e tudo o que era de figura. Os nomes das coisas só tinham som e voz no seu ouvido. Mas, na sua cabeça, as palavras soltas desenhavam rabiscos e asas no ar.

Quando as palavras soavam, Ana pegava algumas e inventava um brinquedo.

Depois que aprendeu a ler, Ana pegou uma mania de colecionar letras e palavras soltas.

Guardava tudo em caixinhas coloridas: na caixa **verde** guardava as coisas que tinham gosto, na caixa **amarela** as coisas que tinham cheiro, na caixa **azul** as coisas que tinham som, na caixa **vermelha** as coisas que tinham tato e numa caixa **branca** guardava todas as coisas que se misturavam.

Com essa mania, descobriu que as palavras estão sempre grávidas de coisas. Delas nascem pessoas, bichos e lugares. Nascem coisas antigas e coisas que ninguém nunca viu. Ana descobriu que mundos diversos saíam das palavras.

A menina descobriu também que das palavras nascem as histórias. [...]

Fabiano dos Santos. **A menina que brincava com as palavras**. São Paulo: Cortez, 2006.

Ciências e Linguagem

8 Agora, analise a história e reveja o que você estudou neste ano.

a) O texto diz que, quando as palavras soavam, Ana brincava com elas. Palavras que soam são aquelas que produzem sons agradáveis, interessantes ou diferentes. E podemos brincar com elas como nestes trava-línguas:

> O sabiá não sabia que sabia assobiar.
> Três tigres tristes.

Leia-os em voz alta. Experimente ler com velocidade cada vez maior.

b) Quais são os sentidos do corpo humano relacionados a:

"Palavras que têm cheiro": ____________________.

"Palavras que têm gosto": ____________________.

c) Pesquise o nome de coisas de sua casa e, depois, faça como a personagem da história: separe-os nas caixas coloridas abaixo.

Ideário LAB/Arquivo da editora

d) Crie uma história com essas palavras.

9 Leia a história a seguir.

HQZart Estúdio/Arquivo da editora

O Sol e a Lua

Inimá saiu para caçar quando uma onça apareceu. O índio ficou com medo de virar comida de onça e disse:

— Onça, vamos fazer um trato? Em vez de você me comer, eu lhe dou minhas duas filhas; elas são muito bonitas.

— Está bem, disse a onça.

Inimá chegou em sua casa e se pôs a pensar no que teria de fazer para cumprir sua promessa.

Ele não queria dar as filhas à onça, e ficou matutando, matutando, até que teve uma ideia. Foi para o mato procurar Uégovi, o chefe dos paus, que lhe indicou

duas árvores, uma de pau-amarelo, outra de pau-de-leite. O índio tirou dois pedaços de cada tronco e esculpiu dois bonecos com cara e corpo de gente. Levou os bonecos para casa, escondeu-os bem e foi dormir. No meio da noite, os bonecos de madeira viraram gente. Quando o índio acordou, duas moças estavam no lugar dos bonecos.

— Como vão minhas filhas? Sou seu pai. Fui eu que fiz vocês, disse ele.

O índio passou o dia todo com as filhas, mas, quando chegou a noite, a coruja apareceu e disse que a onça estava esperando.

Então, as moças foram para a floresta. Depois de muito andar, deram numa encruzilhada e se separaram. A primeira encontrou um lobo, que logo foi agarrando a moça e a levou para sua casa. A segunda foi dar na casa da onça e contou o que tinha acontecido.

A onça foi buscar a irmã, que estava na porta da casa porque o lobo tinha saído. As irmãs passaram a viver com a onça. Então, uma das moças ficou grávida e teve os gêmeos Rit, que era o Sol, e Une, a Lua.

Silvana Salerno. **Viagem pelo Brasil em 52 histórias**. São Paulo: Companhia das Letrinhas, 2006.

10 Agora, analise a história e reveja o que você estudou neste ano.

a) Quais são os personagens citados no texto?

____

____

____

____

____

b) Invente um novo título para o texto.

____

c) Faça um pequeno resumo para contar o que acontece nessa história:

- primeiro escreva uma frase para contar o que acontece nos três primeiros parágrafos;
- depois, escreva outra frase para contar o que acontece no 4º, no 5º e no 6º parágrafo;
- finalmente, escreva uma frase para contar o que acontece nos dois últimos parágrafos.

____

d) Releia o texto e responda:

- Qual ser vivo apareceu à noite e contou a Inimá que a onça estava esperando pelas "filhas" dele?

- Que outros seres mais ativos durante a noite você conhece?

e) O texto fala sobre o Sol e a Lua.

- Qual desses corpos celestes pode ser visto durante o dia? E à noite?

- Cite outras coisas que podem ser vistas no céu e que o texto não menciona.

f) Converse com os colegas:

- Você conhece histórias cujos personagens são animais ou corpos celestes (como o Sol, a Lua e as estrelas)? De quais dessas histórias você mais gosta?

11 Você conhece a história dos três porquinhos? Aqui ela é contada de um jeito um pouco diferente, a começar pelo título. Leia.

Os 33 porquinhos

Era uma vez três porquinhos.

Eles viviam felizes e sossegados na casa de sua mãe.

Um dia, quando já eram crescidos, resolveram andar pelo mundo.

Eles passearam, passearam e passearam. Quando se cansaram de passear, decidiram que estava na hora de construir uma casa.

Os três começaram a conversar sobre a construção, mas deu a maior briga, porque cada um queria que a casa fosse de um jeito.

Então, eles se separaram e cada um construiu a sua.

Pernildo pegou uns caniços, fincou-os no chão e depois cobriu tudo com palha. Logo apareceu por ali o Lobo faminto. O Lobo deu um assoprão e a palhoça foi pelos ares. Desesperado, Pernildo correu para a casa do seu irmão...

Bisteco, que tinha feito uma casa de madeira. Quando o Lobo chegou ali, não teve dúvidas: estufou bem o peito e soprou com força. A cabana fez uns estalos — assim: "cléeeque" —, mas ficou firme. O Lobo não desistiu: soprou uma segunda vez com mais força, e aí não teve jeito: a casa veio abaixo. Então os porquinhos fugiram para a casa de...

Zé Toucinho, que demorou um tempão para fazer sua casa com cimento e tijolos. Mas valeu a pena, porque ela ficou bem forte. Os dois porquinhos entraram na casa de Zé Toucinho gritando: "Socorro! Socorro!".

Logo depois chegou o Lobo, que soprou uma, duas, três vezes. [...]

José Roberto Torero e Marcus Aurelius Pimenta. **Os 33 porquinhos**. Rio de Janeiro: Objetiva, 2012.

Ideário LAB/Arquivo da editora

12 Agora, analise a história e reveja o que você estudou neste ano.

a) Essa, é claro, não é toda a história. Seus autores criaram várias outras possibilidades, com muitos outros porquinhos como personagens: são 33 ao todo. Por isso, ela se chama **Os 33 porquinhos**, e não **Os 3 porquinhos**, como a original. Cada um desses personagens escolhe um tipo diferente de material para construir sua casa. Um deles usa cartas de baralho, outro prefere chocolate como material de construção.

- O que você acha que acontecerá quando o Lobo soprar a casa feita de cartas?

____

____

____

- E o que poderá acontecer com a casa feita de chocolate?

____

____

____

b) No trecho que você acabou de ler, quando o Lobo soprou, o que deve ter acontecido com a casa do terceiro porquinho? Por quê?

____

____

____

c) Escolha um material diferente dos que foram citados nesta página e na anterior e desenhe no caderno a casa que você faria com ele.

Ciências e Linguagem

13 Você conhece as histórias do Sítio do Picapau Amarelo? Leia a história abaixo. Nela, Dona Benta, a avó da turma do Sítio, conta como surgiu o vidro.

______________________________ ← Escreva aqui o título do texto.

Dona Benta costumava receber livros novos... Era o tipo da velhinha novidadeira.

Assim foi que, naquele bolorento mês de fevereiro, resolveu contar aos meninos um dos últimos livros chegados: **História das invenções do homem**.

[...]

— Comece, vovó! — disse Pedrinho. E Dona Benta começou.

— Dizem que o autor do vidro foi um mercador que atravessou o deserto da Síria. Havendo acampado em certo ponto, fez fogo na areia, em cima duns blocos de pedra, ou duma substância esbranquiçada que ele julgou ser pedra... Ao levantar acampamento na manhã seguinte, com assombro verificou que entre as cinzas brilhava uma substância desconhecida, dura, quebradiça, transparente. Era o vidro!

Monteiro Lobato. **História das invenções**. Rio de Janeiro: Globinho, 2014.

Ideário LAB/Arquivo da editora

Animais do ambiente "artificial"

Pinte e destaque as figuras para colocá-las no ambiente criado na atividade da página 11 do seu livro.

Igor Zakowski/Shutterstock

Capivara.

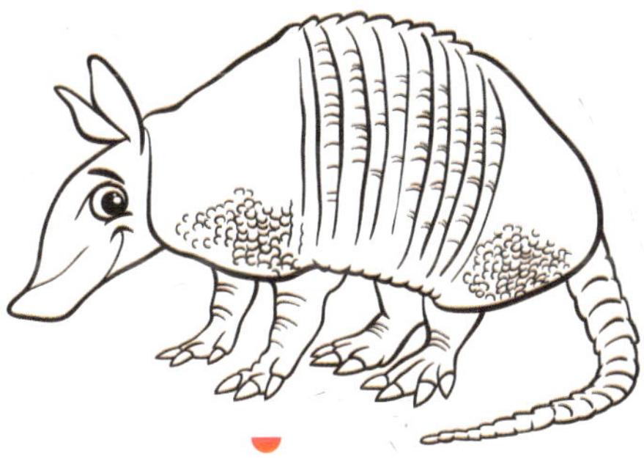

Tatu.

Gavião.

Gambá.

Elementos representados em tamanhos não proporcionais entre si.

Lagarto.

Igor Zakowski/Shutterstock

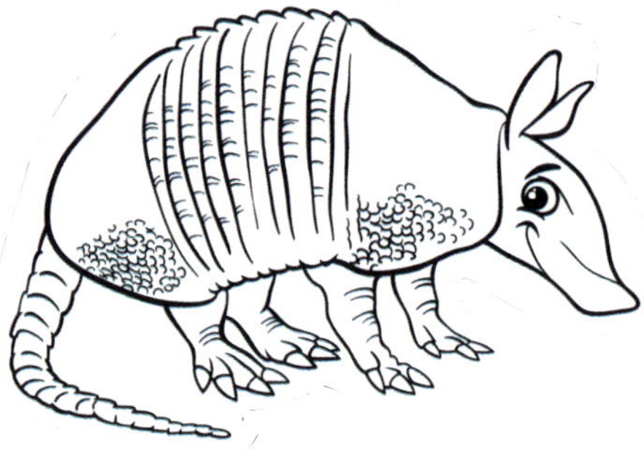

Elementos representados em tamanhos não proporcionais entre si.

Baralho de hábitos

Elementos representados em tamanhos não proporcionais entre si.

Destaque as cartas desta e da próxima página para brincar com o **Jogo dos hábitos opostos** das páginas 50 e 51 do seu livro.

Elementos representados em tamanhos não proporcionais entre si.

GraphicsRF/Shutterstock

jehsomwang/Shutterstock

jehsomwang/Shutterstock

Iconic Bestiary/Shutterstock

Iconic Bestiary/Shutterstock

Niwat singsamarn/Shutterstock

Thetor.P/Shutterstock

Lorelyn Medina/Shutterstock

NotionPic/Shutterstock

Componentes da cidade

Destaque as figuras desta página para completar o cenário **O que há na cidade?** deste **Ápis divertido**.

Elementos representados em tamanhos não proporcionais entre si.

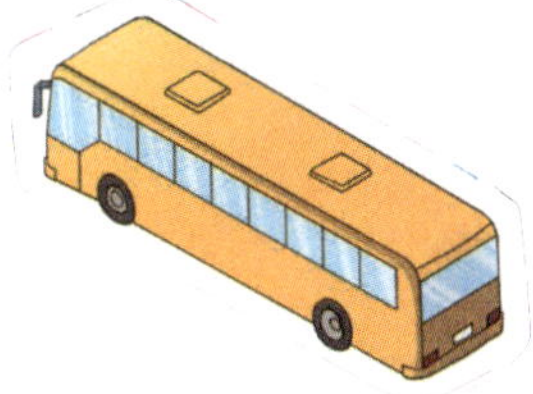

Ilustrações: Tiago Leme /Arquivo da editora

Baralho de ações no ambiente

Destaque as cartas para brincar com o jogo **Cuidando do ambiente**, cujo tabuleiro se encontra no final deste **Ápis divertido**.

Leremy/Shutterstock

Leremy/Shutterstock

Leremy/Shutterstock

Leremy/Shutterstock

Leremy/Shutterstock

Leremy/Shutterstock

Leremy/Shutterstock

Leremy/Shutterstock

Leremy/Shutterstock

Leremy/Shutterstock

Leremy/Shutterstock

Leremy/Shutterstock

Destaque e monte o dado para brincar com o jogo **Cuidando do ambiente**.

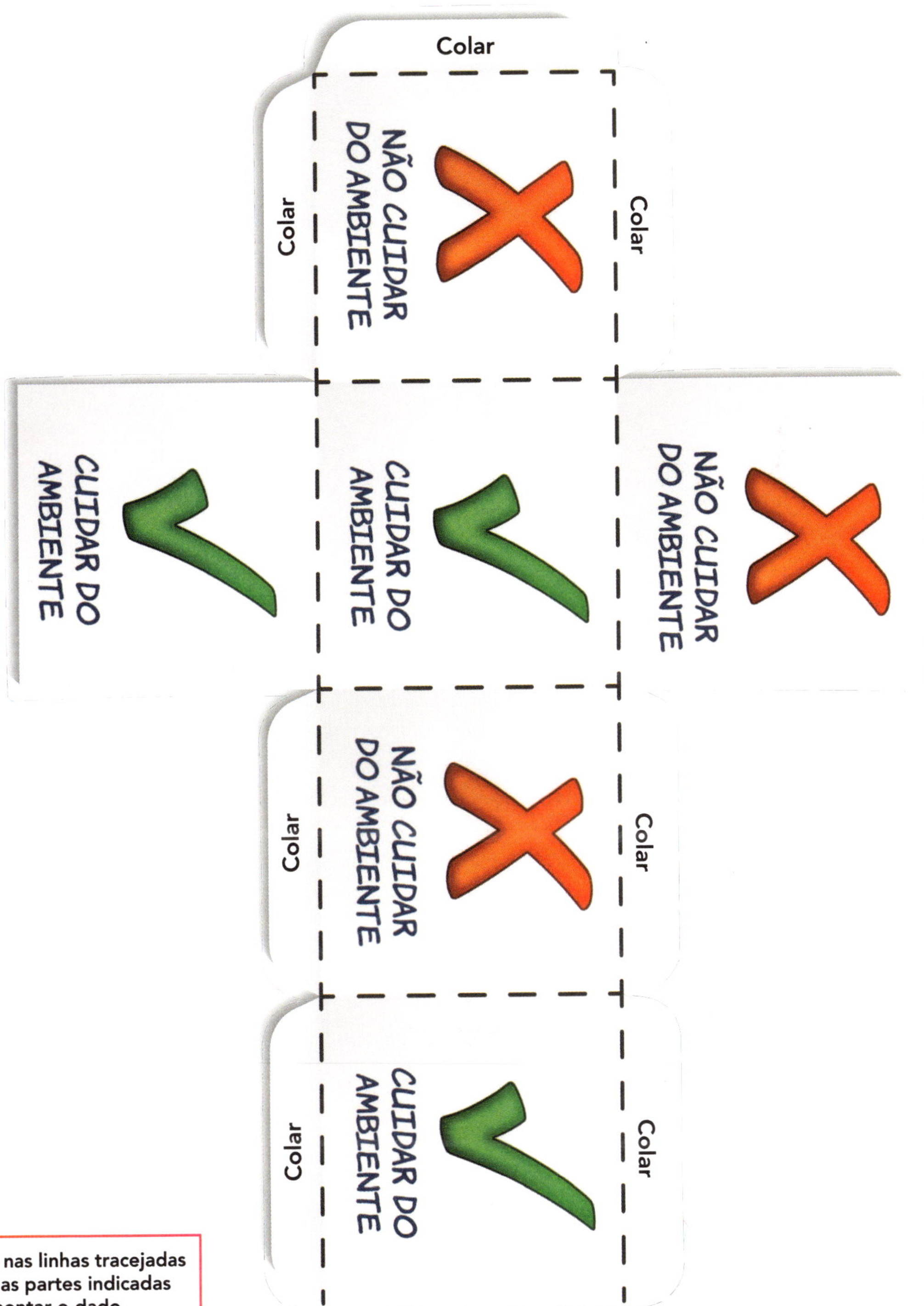

MicrovOne/Getty Images

Dobre nas linhas tracejadas e cole as partes indicadas para montar o dado.

Destaque e monte o dado numérico abaixo para brincar tanto no **Jogo dos hábitos opostos** quanto no jogo **Cuidando do ambiente**. Por isso, não se esqueça de guardá-lo após o uso.

MicrovOne/Getty Images

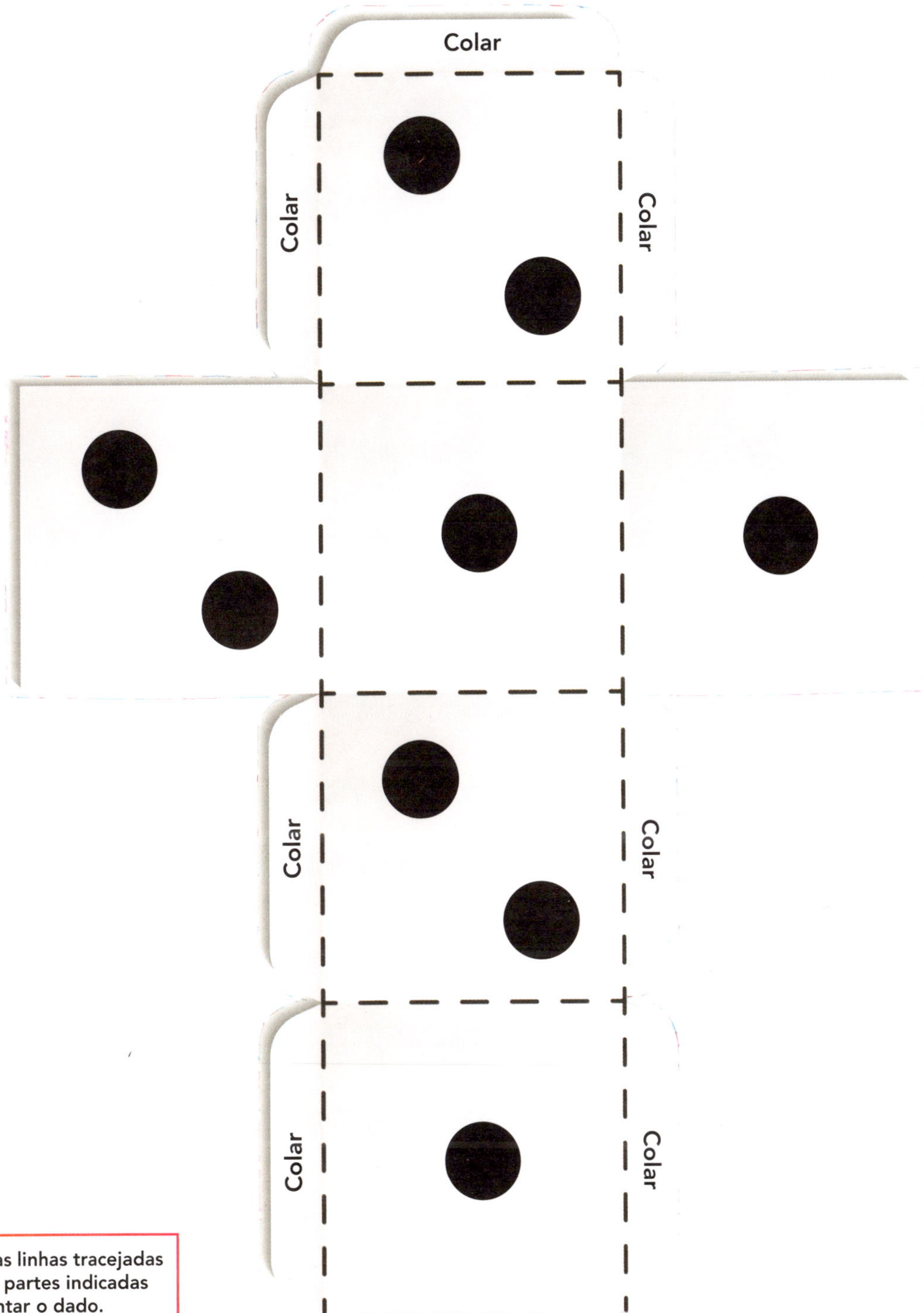

Dobre nas linhas tracejadas e cole as partes indicadas para montar o dado.

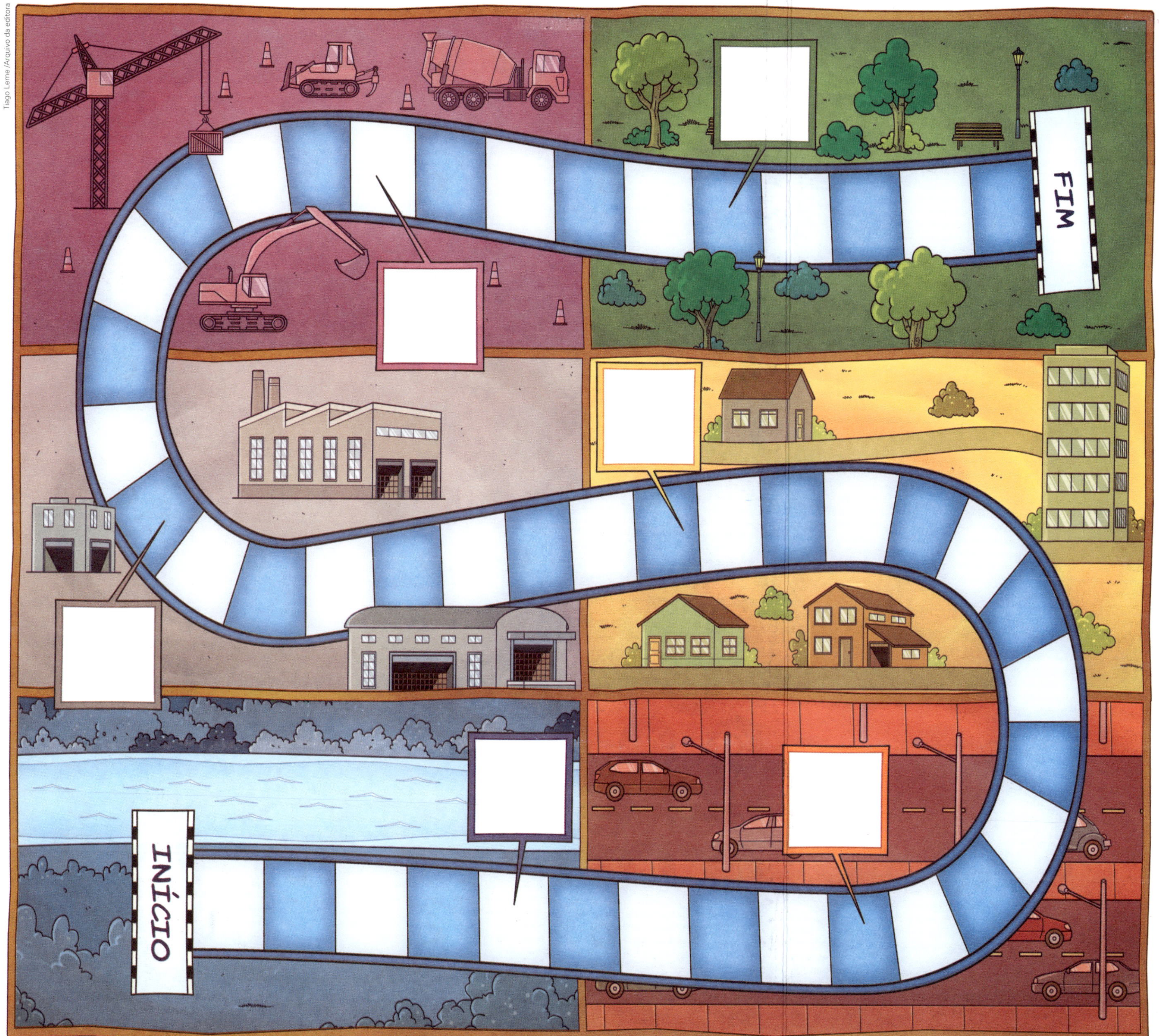

Tiago Leme/Arquivo da editora

Cuidando do ambiente

Leia as instruções com um colega e divirtam-se!

Quantidade de jogadores

- 2.

Material

- Tampinha de garrafa ou feijão.
- 12 cartas do **Baralho de ações no ambiente**.
- 2 dados das páginas 13 e 15 do **Ápis divertido**.

Como jogar

- Antes de começar o jogo, separe as cartas de acordo com as cores do verso.
- Decida junto com o colega quem irá começar a partida.
- Na sua vez, jogue o dado numérico para saber quantas casas avançar. Utilize a tampinha ou o feijão para marcar seu avanço no tabuleiro.
- Ao chegar a uma casa contendo um quadrado colorido, lance o dado "cuidar/não cuidar do ambiente".
- Observe a face do dado voltada para cima e coloque sobre o quadrado a carta de mesma cor que representa essa atitude.
- Repita esse procedimento preenchendo todos os quadrados com cartas.
- Vence quem chegar primeiro ao final da rua com mais atitudes de cuidado com o ambiente.

O que há na cidade?

Vamos completar esta cidade com os componentes que estão faltando?

Material

- Cola

Instruções

- Destaque as figuras da página 9 do **Ápis divertido**.
- Observe o cenário urbano e os possíveis locais para os seres vivos, as construções e as invenções destacadas.
- Cole esses componentes nos espaços correspondentes.

Tiago Leme/Arquivo da editora

Projeto Ápis

CADERNO DE ATIVIDADES

CIÊNCIAS

2º ANO
Ensino Fundamental

NOME: ______________________ TURMA: ____________

ESCOLA: ______________________________________

editora ática

Sumário

Kami Queiroz/Arquivo da editora

Unidade 1

Capítulo 1

Diferentes ambientes

1 Desenhe em uma folha avulsa um campo agropecuário. Procure mostrar tudo o que pode ser encontrado nesse ambiente.

Veja como ficou o desenho feito por uma criança.

Banco de imagens/Arquivo da editora

2 Em outras folhas avulsas, desenhe os outros ambientes que você estudou. Junte sua produção com a dos colegas e colem no **Mural da turma**.

3 Preencha os quadros abaixo.

Semelhanças entre cidade e floresta	Diferenças entre cidade e floresta

4 Observe a imagem do campo agropecuário instalado onde antes existia uma floresta. Faça uma lista do que você acha que pode ter mudado com essa instalação.

Dr Morley Read/Shutterstock

Jaboticaba Fotos/Shutterstock

5 Leia esta história em quadrinhos.

- Agora é a sua vez! No caderno, faça uma história em quadrinhos mostrando como você e os colegas querem modificar e cuidar do ambiente da escola.

Capítulo 2

Seres vivos se desenvolvem

1 Você concorda com a frase do menino? Por quê? Escreva sua resposta nas linhas a seguir.

Léo Fanelli/Arquivo da editora

____

____

____

____

____

____

____

____

2 Para se sair bem no jogo da forca, siga a dica: Esta palavra indica uma característica dos seres vivos.

Hagaquezart Estúdio/Arquivo da editora

Você só tem mais uma chance!

D E _ E _ _ O _ _ _ I _ E _ _ O

3 Que tal escrever dois pequenos textos? Em um deles, conte como ocorre o desenvolvimento do feijão; no outro, como acontece o desenvolvimento das pessoas.

Você pode usar as imagens das páginas 25, 26, 30 e 31 do Livro do Aluno como base para produzir os próprios textos.

Desenvolvimento do feijão

Bogdan Wankowicz/Shutterstock

Desenvolvimento das pessoas

Lucian Coman/Shutterstock

4 Descubra o caminho que mostra como o filhote dentro do ovo ficará após seu nascimento e desenvolvimento.

Elementos representados em tamanhos não proporcionais entre si.

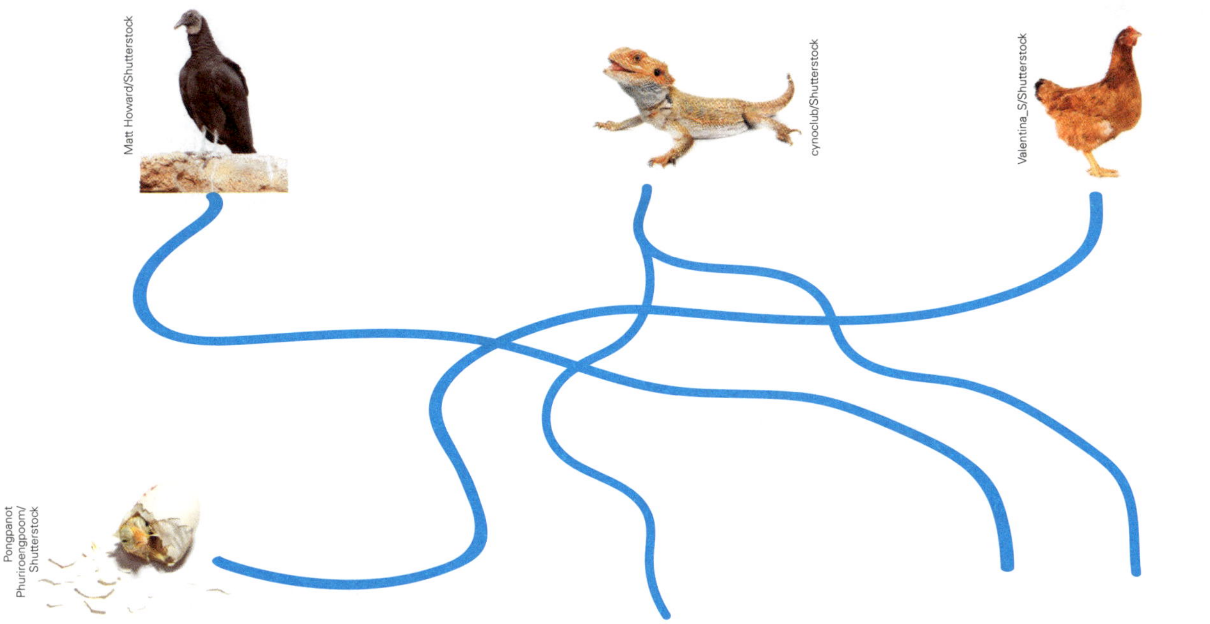

- Considerando o caminho que você descobriu, complete a frase com algumas palavras do banco.

adulto	lagarto	ovo	urubu	galinha

O filhote nasce do ______________, cresce e se desenvolve no animal ______________________, chamado ______________________.

5 Outros animais também se desenvolvem a partir de ovos. Converse com os colegas e, com a ajuda do professor, escreva um pequeno texto explicando o desenvolvimento abaixo.

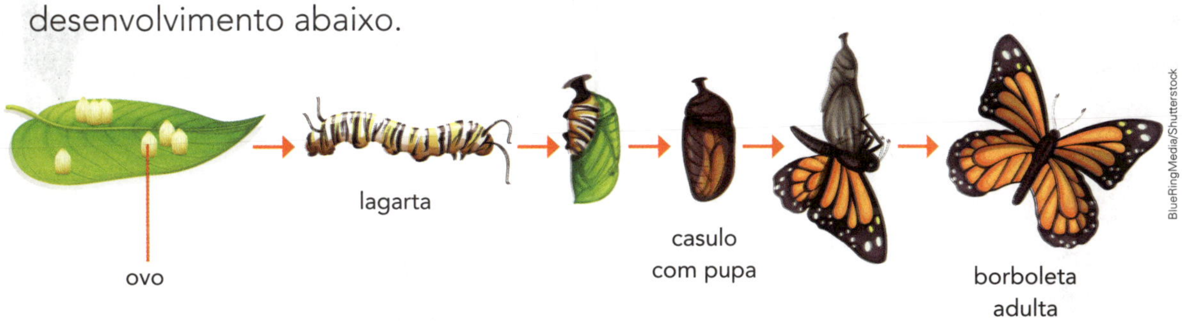

____

____

____

Unidade 2

Capítulo 3

Você está ficando mais velho

1 Complete as frases usando os termos do banco de palavras abaixo.

molares	incisivos	caninos	gengiva

a) A ____________________ protege e "segura" os dentes.

b) Em um adulto, entre os dentes ____________________ e os pré-molares ficam os dentes ____________________.

c) Os dentes ____________________ amassam e moem os alimentos.

2 Agora, complete a cruzadinha com as palavras usadas no exercício anterior.

Hagaquezart Estúdio/Arquivo da editora

3 Desenhe a última cena da história: O que a criança se esqueceu de fazer antes de ir comer?

Hagaquezart Estúdio/Arquivo da editora

4 Leia o texto a seguir.

Léo Fanelli/Arquivo da editora

– Só acredito no que vejo com meus olhos, cheiro com o meu nariz, pego com minhas mãos ou provo com a ponta da minha língua. – Dizem os adultos, mas não é verdade. Eles acreditam em mil coisas que seus olhos não veem, nem o nariz cheira, nem os ouvidos ouvem, nem as mãos pegam... Em mil coisas invisíveis, incheiráveis, impegáveis, sem som e sem gosto. [...]

Monteiro Lobato. **Sítio do Picapau Amarelo**. São Paulo: Globo, 2010.

a) Você já parou para pensar em como percebe o mundo à sua volta? Converse com os colegas.

b) De acordo com o texto de Monteiro Lobato, os adultos só acreditam naquilo que percebem com os olhos, o nariz, os ouvidos ou as mãos?

Unidade 2

Capítulo 4

Ferimentos e cuidados

1 Analise com atenção a ilustração abaixo.

Léo Fanelli/Arquivo da editora

a) Quantas situações de risco você identifica na imagem? Circule-as.

Crie uma placa alertando sobre o risco de nos machucarmos em alguma situação.

b) Como esses riscos poderiam ser evitados? Converse com os colegas.

2 Leia a tirinha abaixo e converse com os colegas: Por que Dudu se sentiu forte e invencível depois de tomar as vacinas?

imune: resistente ou protegido.

3 Leia as informações **a** e **b**. Elas estão certas ou erradas?

a) Dudu mostra à Mônica sua carteirinha de vacinação. Ela contém informações sobre quando e qual vacina tomar.

☐ Certa ☐ Errada

b) Como Dudu já tomou uma vacina quando criança, ele não vai precisar tomar outras vacinas até ficar adulto.

☐ Certa ☐ Errada

4 Escreva as legendas para as fotos de vacinação abaixo.

Fomin Serhii/Shutterstock

____

____

____

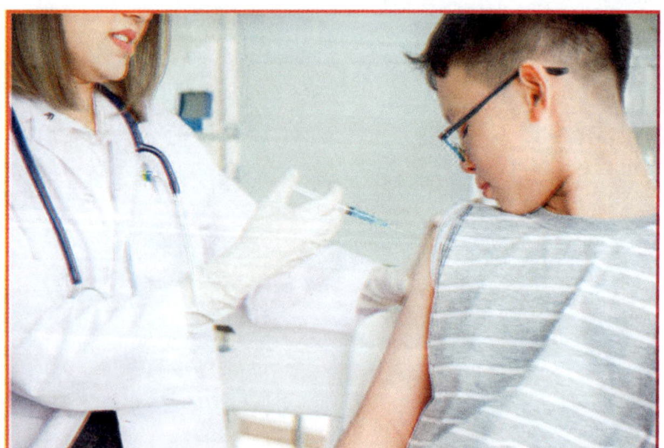

all_about_people/Shutterstock

____

____

____

5 Um aluno andava pelo corredor da escola. Ao subir as escadas sem muita atenção, ele se acidentou e sofreu um ferimento no braço.

a) Ordene as imagens de acordo com o acidente ocorrido.

RedlineVector/Shutterstock

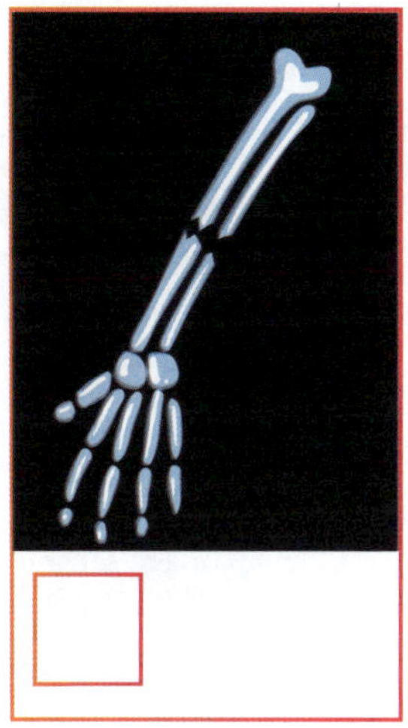

White Space Illustrations/Shutterstock

b) O que aconteceu com o braço do menino?

____

____

____

c) Converse com os colegas: O ferimento que o menino sofreu pode ser tratado apenas com a limpeza do braço?

d) Circule o aviso de cuidado que o menino ignorou e que poderia ter evitado o acidente.

MuchMania/Shutterstock

Unidade 3

Capítulo 5

Observar o céu

1 Observe as pessoas se divertindo na praia.

Lana_Samcorp/Shutterstock

a) Na imagem existem sombras, mas o Sol não foi representado. Em que posição no céu você acha que ele está? Desenhe o Sol.

b) Falta agora desenhar a sombra de uma das pessoas. Descubra qual sombra está faltando e complete a imagem.

c) As nuvens que aparecem na ilustração são do tipo:

☐ cúmulo. ☐ cirro. ☐ estrato.

2 O livro **A incrível sombra de Jack** conta a história de amizade entre o menino Jack e sua sombra mágica. Um dia, depois de ficar chateado pelas travessuras que a sombra aprontava, o menino resolveu se separar dela.

Tom Percival/Acervo do ilustrador

a) Você acha possível se separar de sua sombra? O que você pode fazer para que sua sombra desapareça?

____

____

Tom Percival/Acervo do ilustrador

b) Veja uma das brincadeiras entre Jack e a sombra.

- Se você tivesse uma sombra mágica, como se divertiriam? Desenhe uma brincadeira que você faria com ela.

3 Observe a ilustração abaixo. Você concorda ou não com o que as crianças dizem?

Léo Fanelli/Arquivo da editora

____

____

____

4 No caderno, faça duas ilustrações do céu. Na primeira, indique com setas: "nuvens que parecem travesseiros", Sol e mar. Na segunda, aponte Sol, "nuvens que parecem cabelos ou fios", campo agropecuário e sombra das árvores. Veja como ficaram os desenhos feitos por um aluno.

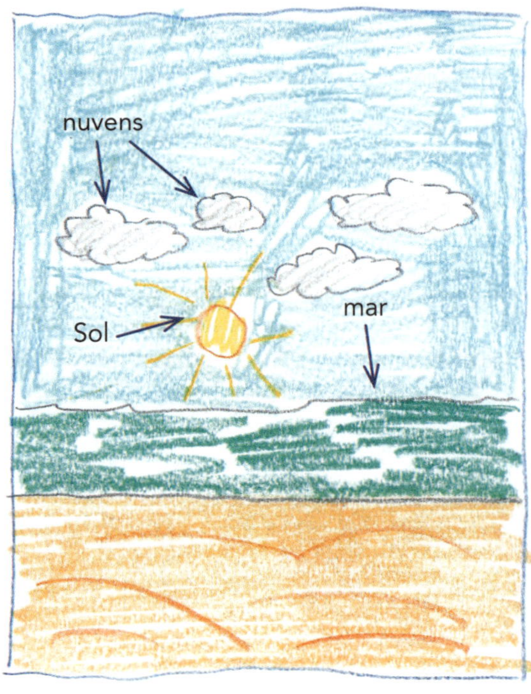

Ilustrações: Hagaquezart Estúdio/Arquivo da editora

Capítulo 6

Como estará o tempo?

1 Observe os desenhos feitos por um aluno. Depois, baseando-se neles, escreva um pequeno **boletim meteorológico** para cada uma das situações.

A

Ilustrações: Hagaquezart Estúdio/Arquivo da editora

B

C

2 Tina visita sua tia três vezes ao ano. Para saber o que levar na mala em cada viagem, ela consulta a previsão do tempo.

a) Ligue a roupa que ela deve levar em cada uma das viagens de acordo com a previsão do tempo.

Victor Brave/Shutterstock

Rabotni4ek/Shutterstock vectortatu/Shutterstock runLenarun/Shutterstock

piggu/Shutterstock

b) Descreva o boletim meteorológico de cada um dos dias de visita de Tina a sua tia.

Victor Brave/Shutterstock

piggu/Shutterstock

3 Releia os boletins meteorológicos apresentados pela telejornalista, nas páginas 96 e 97 do Livro do Aluno. Depois, organize as informações nesta tabela que já foi começada.

Condições do tempo	Temperatura mínima	Temperatura máxima
A Céu claro e sem chuva para todo o fim de semana.	22 graus	
B Sol entre nuvens e chuvas ocasionais.		
C Dia chuvoso.		
D Céu parcialmente nublado, mas sem possibilidade de chuva.		
E Céu claro com Sol. Ventos fortes deixarão o mar agitado.		

4 Agora, faça desenhos para representar o que você faz em diferentes momentos do dia. Procure retratar em cada desenho como está o tempo.

Compartilhe seus desenhos com os colegas e veja os que eles fizeram. Será que os colegas representaram o tempo como você?

Manhã

Tarde

Noite

Unidade 4

Capítulo 7

Invenções: quente e frio

1 A cruzadinha já está resolvida! Termine de escrever as questões que podem ser usadas para identificar cada um de seus itens. Veja o exemplo.

AGorohov/Shutterstock

John Kasawa/Shutterstock

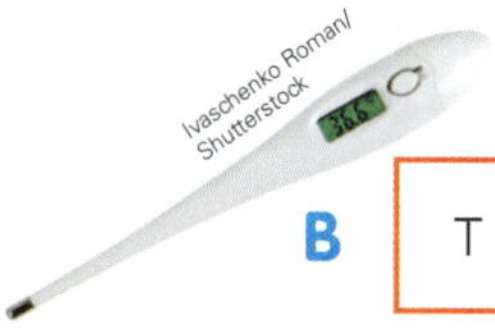
Ivaschenko Roman/Shutterstock

studiovin/Shutterstock

			A										
			M										
			E										
			T						C				
B	T	E	R	M	Ô	M	E	T	R	O			
			O						E				
						D	B	A	L	A	N	Ç	A
									Ó				
									G				
									I				
									O				

A. Com qual instrumento eu posso medir a minha altura?

B.

C.

D.

2 Os alunos de uma escola usaram um termômetro para medir a temperatura em diferentes locais. Analise os dados obtidos por eles e responda:

Local	Temperatura
Área ensolarada do pátio	29 °C
Sala de aula	27 °C
Interior da geladeira do refeitório	5 °C

a) Em que lugar foi registrada a maior temperatura? E a menor?

____

____

b) Pinte no termômetro ao lado a altura da coluna de líquido da maior temperatura medida pelos alunos.

necete da me prevarite/Shutterstock

3 Leia a história em quadrinhos a seguir.

Hagaquezart Estúdio/Arquivo da editora

- O que aconteceu com o gelo?

____

____

____

4 A fotografia abaixo registra o momento de uma chuva de granizo.

deepblue4you/iStockphoto/Getty Images

a) Com a ajuda do professor, procure o significado de **granizo** no dicionário.

____

____

b) Qual desses símbolos pode ser utilizado pelos meteorologistas para representar a possibilidade de chuva de granizo?

LINECTOR/Shutterstock

c) Após o término da chuva de granizo, é comum encontrar ruas e calçadas na condição abaixo. Preencha as descrições com os estados físicos da água para cada caso.

Água no estado ____________.

Koldunova Anna/Shutterstock

Água no estado ____________.

Unidade 4

Capítulo 8

Invenções: objetos e materiais

1 Complete os esquemas abaixo com exemplos de matéria-prima.

MATÉRIAS-PRIMAS

exemplos

______ ______ ______

______ ______ ______

são utilizados para fazer

VIDRO

2 Na conversa das duas meninas, uma frase está correta e a outra está errada.

Léo Fanelli/Arquivo da editora

Agora, responda:

a) Qual é a frase errada?

____

b) Explique qual é o erro.

____

c) Corrija a frase errada.

____

3 Consulte o banco de palavras e preencha as listas abaixo indicando o que é objeto e o que é material.

copo	vidro	tecido	madeira	cortina	moringa	janela	panela	peneira
barro	prato	colher de pau	metal	plástico	xícara	estojo	vaso	azulejo

Lista de objetos	Lista de materiais

4 Veja alguns dos materiais presentes na sala de aula da fotografia.

Marko Poplasen/iStockphoto/Getty Images

- Agora é sua vez de investigar quais materiais existem na sua sala de aula. Faça um desenho desse ambiente e não se esqueça de indicar os nomes dos materiais que compõem os objetos.

Uma leitura - um resumo

Unidade 1 – Ambiente e seres vivos

Analise as duas tirinhas e, no caderno, responda às questões.

Em sua resposta, procure resumir as coisas mais importantes que você acha que aprendeu na unidade 1 do livro.

A

Acervo de Alexandre Beck.

B

Mauricio de Sousa Editora Ltda.

- Armandinho (A) e Chico Bento (B) têm a mesma preocupação. Você compartilha dessa preocupação?
- Como você pode contribuir para cuidar do ambiente?

Unidade 2 – Desenvolvimento e corpo humano

Leia o texto e depois, no caderno, responda às questões.

OS OSSOS SÃO VIVOS!

Você sabia que os ossos do seu corpo crescem junto com você? Esse é um dos motivos pelos quais as crianças ficam mais altas com o passar dos anos.

Além disso, os ossos também têm uma grande capacidade de recuperação.

É graças a isso que as partes quebradas de um osso se unem.

Quando chegamos à idade adulta, nossos ossos param de crescer, Mas eles continuam capazes de se recuperar. Já os ossos das pessoas idosas não se recuperam com tanta facilidade.

Geralmente, as fraturas ósseas ocorrem por acidente. Como crianças, adolescentes, adultos e idosos estão sujeitos a acidentes, quebrar um osso é algo que pode acontecer a qualquer um. Por isso é importante tomarmos bastante cuidado para evitar acidentes.

- Que cuidados você toma no dia a dia para evitar acidentes?
- Quando era mais novo, você tomava esses cuidados?

Em sua resposta, procure resumir as coisas mais importantes que você acha que aprendeu na unidade 2 do livro.

Hagaquezart Estúdio/Arquivo da editora

Unidade 3 – Sol, céu e nuvens

Leia o texto a seguir e depois, no caderno, responda à questão.

Em sua resposta, procure resumir as coisas mais importantes que você acha que aprendeu na unidade 3 do livro.

Você já viu um pastor de nuvens?

[...]

Numa certa tarde, perguntei:

– O, vô, o senhor não se cansa de ficar muito tempo aqui, sem fazer nada?

– Quem disse que eu não faço nada? Eu fico aqui pastoreando as nuvens, menino Daniel, e esta hora do dia é a melhor para se fazer isso – ele disse, todo ofendido.

André Neves/Acervo do ilustrador

Naquele momento, olhei para o céu e vi que meu avô tinha razão. Era magnífico ver o modo como o céu mudava de cor e de forma.

Num momento você poderia pensar estar vendo um elefante ou um palácio; no instante seguinte, aquela imagem mudava e lá estava uma cascata, e de branca cascata a imagem mudava para uma cegonha pescando.

Meu avô, um pastor de nuvens.

Depois que eu descobri isso, passei a gostar cada vez mais de passar alguns momentos na praça, pastoreando nuvens com ele.

[...]

Walter Moreira-Santos. **O colecionador de manhãs**.
São Paulo: Formato, 2013. p. 16-19.

- As nuvens, com seus tamanhos, formas e cores, são belas fontes de inspiração e imaginação, mas podemos dizer que existem somente três tipos básicos de nuvens. Quais são eles?

Unidade 4 – Invenções, termômetros e materiais

Leia o texto abaixo e depois, no caderno, responda às questões.

> Em sua resposta, procure resumir as coisas mais importantes que você acha que aprendeu na unidade 4 do livro.

Esculturas de... água?

Você já fez um castelo de areia?

Em nosso país, é muito comum ver pessoas brincando de fazer esculturas de areia na praia. O que é raro por aqui, mas não impossível, é encontrar alguém que já tenha feito um boneco de neve!

Em alguns países, construir bonecos e esculturas de neve e/ou gelo é uma grande diversão nas épocas mais frias do ano!

E você já parou para pensar que quem faz um boneco de neve está fazendo uma escultura de água? Podemos dizer isso porque neve é água no estado sólido.

Pedro Stabile/Olhar Imagem

Boneco de neve feito na cidade de Gramado, no Rio Grande do Sul.

Padmayogini/Shutterstock

Artista trabalhando em escultura de gelo na cidade de Londres, no Reino Unido.

- Quais são os exemplos de matérias-primas que você conhece?
- Como podemos usar a água como matéria-prima?